Bernt Federau

Die Elbe aus der Luft

Text von Volker Bartsch

Edition Maritim

Inhalt

Volker Bartsch
An den Ufern eines Flusses
7

Bernt Federau
Bildteil
17

Übersichtskarte
158

Register / Impressum
160

Diederichs Gelbe Reihe

I Ging
Text und Materialien
Übersetzt von Richard Wilhelm
DG 1, 347 Seiten mit zahlreichen Kalligraphien

Das *Buch der Wandlungen* ist das älteste Buch Chinas – und seine Lebensweisheit macht es aktueller denn je.

Dschuang Dsi
Das wahre Buch vom südlichen Blütenland
Übertragen und erläutert von Richard Wilhelm
DG 14, 331 Seiten mit 5 Abbildungen

»Von allen Büchern chinesischer Denker, die ich kenne, hat dieses am meisten Reiz und Klang.«
Hermann Hesse

Laotse
Tao te king
Das Buch vom Sinn und Leben
Texte und Kommentar
Übersetzt und mit einem Kommentar versehen von Richard Wilhelm
DG 19, 230 Seiten mit 4 Abbildungen und Frontispiz

Das *Tao te king* in seiner epigrammatischen Kürze ist als Weisheitsbuch beinahe ebenso unerschöpflich wie das TAO, der SINN, von dem es handelt.

Kungfutse
Gespräche. Lun Yü
Übertragen und herausgegeben von Richard Wilhelm
DG 22, 219 Seiten mit 4 Abbildungen und Frontispiz

»Man empfindet es als ein modernes Buch, nicht nur alles, was es enthält, auch alles, was in ihm fehlt, ist wichtig.«
Elias Canetti

Eugen Diederichs Verlag

An den Ufern eines Flusses

Man darf davon träumen: Morgens um acht steigt man an den Hamburger Landungsbrücken in den „Elbsegler“, eine elegant aussehende Kreuzung zwischen Schiff und Flugzeug, Bus und Bahn, die mit hundert Kilometern in der Stunde über das Wasser gleiten kann. Schnell ist die Staustufe bei Geesthacht passiert, in Lauenburg, Hitzacker und Wittenberge gibt es kurze Stopps. Kaffee wird serviert, die Herren Geschäftsreisenden schauen in ihre Aktenköfferchen, die Touristen in die flache, grüne Flußlandschaft. Bei Tangermünde zückt die japanische Reisegruppe ihre Fotoapparate und Videokameras, in Magdeburg sind zwei Manager am Ziel der Reise, um nach ihrer zu treuen Händen übernommenen Werkzeugmaschinenfabrik zu sehen. Auf dem Abschnitt nach Coswig und Wörlitz wird das Mittagessen serviert, bei Wittenberg stellt ein französisches Ehepaar fest: „Ihr hattet hier Reformation, in Frankreich wir hatten große Revolution!“ In Torgau fragt ein Amerikaner: „Was it here that our boys met the Russians?“ Bei Meißen sinniert ein pensionierter Theaterkritiker, der sein Leben lang die Zeit beschrieben hat, über die magische Monotonie der Elbe und greift noch einmal zum Vergleich: „Der Rhein, das ist wie eine Wagner-Inszenierung von Everding, die Elbe wie ein schlaftrunkenes Endlos-Spektakel von Robert Wilson.“

Schon kommt Dresden in Sicht. Es ist halb fünf. Die meisten Passagiere steigen hier aus, viele neue Gäste kommen an Bord. Durch die sächsisch-böhmische Schweiz geht es weiter nach Bad Schandau, wo freundliche Zöllner den „Elbsegler“ betreten und sich die Ausweise zeigen lassen. Ustí, Litoměřice und Melnik sind die weiteren Zwischenstationen. Um sieben Uhr haben wir auf der Moldau Prag erreicht und legen gegenüber des Hradschin an, früher Sitz deutscher Kaiser und böhmischer Könige. Es ist halb acht. Wegen des dichten Binnenschiffsverkehrs haben wir eine halbe Stunde Verspätung.

Zukunftsmusik, Träumerei? Noch gibt es kein solches Gefährt, das die Zentren an dieser Wasserstraße durch Mitteleuropa in modernen Zeiten verbindet. Allein unmittelbar an den Anlegeplätzen unserer fiktiven Reise wohnen über vier Millionen Menschen. Vielleicht werden eines Tages Schnellbahnstrecken und Autobahnen leisten, was man der Elbe nicht zumuten will. Vielleicht bleibt sie den Binnenkähnen, Ausflugsdampfern und Passagierschiffen vorbehalten, die hier so langsam ihre Bahnen ziehen, wie es einem Strom gebührt. Aber auch an der Elbe kommt nach der Wiedervereinigung vieles in Bewegung, beginnt die fast ein halbes Jahrhundert eingefrorene Zeit aufzutauen und wieder zu fließen.

Dresdens Weiße Flotte kreuzt schon seit dem vorigen Jahrhundert auf den malerischen Abschnitten des Elbsandsteingebirges. Schon gibt es vier moderne Passagierschiffe, die in mehrtägigen Kreuzfahrten zwischen Hamburg und Bad Schandau dem betuchten Reisenden eine Landschaft und Kultur präsentieren, die für viele hinter einem eisernen Vorhang des Vergessens zu verschwinden drohte. Und auch in den Zeiten des Kalten Krieges fuhren hier jedes Jahr Tausende von Binnenschiffen aus der Tschechoslowakei nach Hamburg, das immer schon einen Moldauhafen hatte.

Greifen wir, zum Beispiel, einhundert Jahre zurück: 1890 passierten Bad Schandau 8500 Schiffe zu Tal, beladen mit böhmischer Braunkohle, Holz, Steinen oder Getreide; zu Berg, also nach Böhmen, gingen 7800 Schiffe, davon die weitaus meisten ohne Ladung. Hamburg, wohin ein großer Teil fuhr, verzeichnete 17000 ankommende und abgehende Binnenschiffe. 1990 waren es trotz erheblich gestiegener Ladekapazität in Hamburg fast 13000 Binnenschiffe.

Die Elbe kommt aus Böhmen

1384 Meter hoch, nicht weit von der Schneekoppe, dem höchsten Berg des Riesengebirges und dem Ort Spindlermühle - Spindleruv Mlyn - entfernt, strömen aus einer sumpfigen Wiese einige Rinnsale zu Tal. Eines davon hat man mit einem Brunnen eingefaßt und zur Quelle ernannt. Das ist ein Anfang. Daneben steht seit 1968 ein Relief des Künstlers Jiri Skopek mit den Wappen der vierundzwanzig wichtigsten Elbstädte. Das ist eine Verheißung. Einen Kilometer weiter findet sich an Stelle einer alten Baude, wie die Berghütten hier früher hießen, ein wenig einfühlsam in die Landschaft gesetztes Hotel. Seit 1963 ist das Riesengebirge tschechischer Nationalpark.

Aber wie lang ist die Elbe? 1165 Kilometer ist die Zahl, auf die man sich allenthalben geeinigt hat. Über die Quelle läßt sich nicht streiten, da wären auch nur ein paar Meter herauszuholen, aber über die Mündung. Sie ist bei Cuxhaven 15 Kilometer breit - bei Flut, und bei Ebbe entstehen hier zweimal am Tag neue Ländereien, die die Mündung des Stromes weit hinausschieben.

Ihre Kindheit verbringt sie jedenfalls auf 385 Kilometern in der Tschechoslowakei, ihre Jugend auf 623 Kilometern durch Deutschland bis nach Hamburg, ihre erwachsene Größe als internationaler Großschiffahrtsweg auf den 104 Kilometern von Hamburg bis nach Cuxhaven, und was dann noch bis zu ihrem Ende fehlen mag im Watt und zwischen den Sänden der Deutschen Bucht.

Albis haben die Römer den Strom weit jenseits ihrer Zivilisation genannt, Labe die Tschechen, Elbe die Deutschen. Das muß so sein, denn ein Fluß, der in Europa etwas bedeutet, fließt nicht nur durch viele verschiedene Landschaften und Kulturen, sondern auch durch die Zeit.

Die Quelle liegt also in Böhmen. Bohemia hieß dieses Siedlungsgebiet des keltischen Volkes der Bojer bei den Römern, geschützt durch das Erz- und Riesengebirge und den Böhmerwald. Ihnen folgten die germanischen Markomannen, die sich in der Mitte des ersten nachchristlichen Jahrtausends nach Bayern in Bewegung setzten. Und dann kamen slawische Völker nach Böhmen, das sie Cechy nannten, die Tschechen also. Zerfall eines (römischen) Weltreiches, Völkerwanderung - Begriffe, die derzeit wieder Karriere machen.

Kaiser Karl und andere Deutsche

Einige Jahrhunderte lang ging es in Böhmen und entlang der Elbgrenze um Religion und alles, was in ihrem Namen damit verbunden ist. Schon Karl der Große streckte seine Finger nach Böhmen aus, allerdings vergeblich. Der Heilige Wenzel (Vaclav), 928 bis 935 Herzog von Böhmen, erkannte die Lehnsherrlichkeit des deutschen Königs Heinrich I. an und mühte sich um die Verbreitung des Christentums. Der heidnische Adel ermordete ihn, was ihm zum ewigen Nachruhm als Schutzpartron des Landes verhalf. Die deutschen Kaiser aus dem Hause Luxemburg residierten im 14. und der ersten Hälfte des 15. Jahrhunderts in Prag.

Besonders Karl IV. entfaltete segensreiche Wirkungen für Böhmen. Er gründete in Prag 1348 die erste deutsche Universität, reiste zur Beförderung des Handels bis nach Lübeck und baute weit nördlich an der Elbe Tangermünde zur Residenz aus, um seine Position in der Mark Brandenburg zu festigen. Dieser Mann hat großräumig gedacht. Von ihm stammt auch der erste Plan, die Elbe mit der Donau durch einen Kanal zu verbinden und die manchmal für die Schifffahrt schwierigen Wasserstände der Elbe zu regulieren. Eine Wasserstraße vom Schwarzen Meer bis zur Nordsee, und Tangermünde als Residenz - Europa hätte anders aussehen können. Mit seinem Tod 1378 wurden auch diese Pläne vorerst begraben.

1526 fiel die böhmische Krone an Ferdinand I. aus dem Hause Habsburg, der später auch zum deutschen Kaiser gekrönt wurde. Die Habsburger konnten die Krone bis zum Ende der Donaumonarchie 1918 verteidigen. Allerdings mußte Österreich 1866 in Böhmen seine wohl bitterste Niederlage hinnehmen: In der Schlacht bei Königgrätz, wo die Elbe noch südwärts durch das böhmische Becken fließt, schmiedete Bismarck das Deutsche Reich unter Preußens Führung und ohne Österreich.

Entscheidend für den Ausgang der Schlacht am 3. Juli war, daß die Elbarmee, die von Torgau aus elbaufwärts in Marsch gesetzt worden war, das Schlachtfeld rechtzeitig erreichte. Sie und eine weitere Armee des Kronprinzen verspäteten sich nur wenig, und so konnte die „verspätete Nation“, wie man das Deutschland des 19. Jahrhunderts genannt hat, ihren Weg ins 20. Jahrhundert antreten.

Im Havelland, auf Gut Schönhausen, vier Kilometer vom rechten Elbufer entfernt, wurde der Eiserne Kanzler 1815 geboren, in Friedrichsruh im Sachsenwald vor den Toren Hamburgs ist er begraben.
Besonders seit 1848 setzten die Tschechen mit ihren nationalstaatlichen Bestrebungen den österreichischen Landesherren heftig zu, aber sie erreichten erst 1918 ihr Ziel und bauten mit den Slowaken aus der Konkursmasse Österreich-Ungarns ein blühendes, demokratisches Industrieland auf, wenn auch nicht ohne Konflikte mit der starken deutschen Minderheit im Lande.
1938 waren die Tschechen das erste Opfer neuer deutscher Weltmachtphantasien, 1945 die Deutschen in der Tschechoslowakei und Polen das letzte. An der Elbe dokumentieren die Konzentrationslager Theresienstadt, in dem etwa 30000 Juden aus ganz Europa starben, gegenüber von Litoměřice gelegen, und die Stadt Ustí die Schrecken dieser Zeit. Hier gab es am 31. Juli 1945 nach der Explosion eines Munitionsdepots ein Massaker an den Sudetendeutschen mit einer bis heute ungeklärten Zahl von einigen hundert oder tausend Toten. Seit 1991 gibt es an der Brücke über die Elbe eine Gedenktafel. Diese Vergangenheit neigt sich ihrem Ende zu.

Burg Schreckenstein

Aussig, die heutige Industriestadt Ustí, ist aber durch die Burg Schreckenstein nachhaltig mit der deutschen Romantik verbunden. Die Burg selbst erschreckte wohl schon seit dem frühen 9. Jahrhundert die Schiffer. Kaiser Sigismund verpfändete Aussig und einige andere Städte gegen ein Geringes an den sächsischen Kurfürsten Friedrich den Streitbaren, weil er Geld für den Krieg gegen die Hussiten brauchte. Die aber zogen auch gegen diese Städte zu Felde und schlugen das sächsische Heer, obwohl es durch einen Kardinal als Mitstreiter des Papstes verstärkt worden war. Die Stadt wurde niedergemacht, die Burg zerstört. Das allerdings war noch nicht der romantische Teil.
Theodor Körner, in den Freiheitskriegen 1813 gefallen, verarbeitete als erster die malerische Burgruine zu Kunst: „Schreckenstein. Wohl schwang sich die Freude vom Erdengrund / hinauf in das Reich der Gedanken ..."
1831 war der junge Ludwig Richter hier, auch er in Dresden geboren. Er nahm, „überrascht von der Schönheit der Gegenden", den romantischen Faden auf, denn hier „tauchte zum ersten Male der Gedanke in mir auf: Warum willst Du in weiter Ferne suchen, was Du in deiner Nähe haben kannst? Lerne nur diese Schönheit in ihrer Eigenartigkeit zu erfassen, sie wird gefallen, wie sie Dir selbst gefällt." Seine „Überfahrt am Schreckenstein", eines der Hauptwerke der romantischen Malerei, war sein erstes Bild, auf dem die Figuren zur Hauptsache wurden.
Im Burghof erinnert eine Bronzetafel daran, daß 1842 Richard Wagner, auch er ein Sachse, hierher gewandert war, „um meinen Plan zum 'Venusberg' unter den angenehmen Eindrücken eines solchen Ausflugs in mir auszuarbeiten." Als „Tannhäuser" erblickte die uralte Sage das Licht der Opernwelt. Die Labe hat an ihren Ufern wahrlich Deutsches gesehen.
Ihr Weg durch das böhmische Mittelgebirge und die enge Böhmische Pforte und weiter durch das Elbsandsteingebirge gehört zu den malerischsten Szenarien, die ein Fluß sich geschaffen hat. Hier hat die DDR kurz vor ihrem offiziellen Ende einen 93 km^2 großen Nationalpark ausgerufen, der wohl bald auf der tschechischen Seite eine Fortsetzung finden soll. Bei Pirna wird das Flußtal etwas weiter. Und dann passiert die Elbe eine der malerischsten Stadtlandschaften, das Venedig des Nordens oder Elbflorenz, wie der Philosoph Herder Dresden genannt hat.

König August und Dresden

Lange Zeit machten die Waldmenschen, wie die Handvoll Dresdner von den Slawen genannt wurden (Drezdzane), wenig Aufhebens von sich, bis 1485 die Immobilien Dresden und Meißen an Albrecht den Beherzten fielen. Er erkor Dresden zu seiner Residenz, und von nun an ging es bergauf. Allerdings dauerte es noch über zweihundert Jahre, bis eine der seinerzeit am meisten bewunderten Städte Europas gestaltet wurde.
Daß August der Starke, mit kurfürstlichem Name Friedrich August I., 1694 überhaupt in Amt und Würden gelangte, verdankte er der Tatsache, daß sein unglücklicher Bruder nach nur dreijähriger Regentschaft mit 26 Jahren von den Blattern dahingerafft wurde. Da war er 24 Jahre alt. Man hatte ihn sehr sorgfältig erzogen und

dabei auch die Ertüchtigung des Leibes nicht vergessen, denn August war nicht nur ein Hüne von Gestalt, sondern konnte auch Hufeisen verbiegen. Mit 17 Jahren trat er eine zweijährige Bildungsreise an, die ihm in London, Versailles und vor allem auch in Italien den letzten fürstlichen Schliff gab. Venedig, man ahnt es schon, hatte es ihm besonders angetan.
Vielleicht wäre Dresden eine Residenz wie viele andere auch geblieben, wenn nicht der Thron des polnischen Königs freigeworden wäre oder August sich nicht um die ihm gemäße, größere Krone beworben hätte. Mit ein wenig Bestechung und dem Übertritt zum Katholizismus, letzteres veranlaßte seine streng protestantische Gemahlin zum Rückzug auf Schloß Pretzsch, wurde er als August II. 1697 polnischer König und brauchte, natürlich, eine Residenzstadt, die seiner europäischen Großmachtrolle gerecht wurde.
Das weitere Hin und Her um die polnische Krone war mit mancherlei Waffengang gegen die Schweden verbunden und forderte ebenso wie die barocke Prachtentfaltung Dresdens von den Sachsen einen hohen Preis. Aber ob sich jemand um das Wohlergehen seiner Leute nicht schert oder sie vermeintlich zu ihrem Glück zwingen will, kommt häufig genug auf das gleiche heraus. Um die Verwaltung seines Landes und die Beförderung der Wissenschaft und Künste kümmerte er sich nicht sonderlich, sagt die preußische Geschichtsschreibung, sondern ließ in erster Linie seine Baumeister Matthäus Daniel Pöppelmann und die Franzosen Zacharias Longuelune und Jean de Bodt ein Venedig errichten, in dem es sich für ihn und seinen Hofstaat prächtig leben ließ.
Die sächsische Geschichtsschreibung weiß allerdings zu berichten, daß er sich sehr wohl auch um Einzelheiten kümmerte, sogar Architekturzeichnungen anfertigte und im übrigen keinesfalls 365 Kinder hatte.
Jedenfalls muß August hinsichtlich der Wissenschaften sehr hellhörig geworden sein, als sich nämlich der im Fürstenbergschen Palais an der Herstellung von Gold werkelnde Alchimist Johann Friedrich Böttger nach Wien abzusetzen versuchte. Er wurde zurückgebracht, gewährte August 1705 in einer Schrift Einblick in seine Künste, wurde vom Brennglasfabrikanten Graf Tschirnhausen zu weiteren Experimenten angehalten und präsentierte auf der Leipziger Messe 1709 ein Porzellan, das sich sehen lassen konnte. Ein Jahr später wurde auf der Albrechtsburg in Meißen die Porzellanfabrik eingerichtet, die seither ein Ruhmesblatt Sachsens darstellt.
Was hätte August erst veranstaltet, wenn Böttger Gold gemacht hätte? Es wäre wohl nicht bei seinem goldenen Kaffeeservice und den über hundert Figuren des „Hofstaats von Dehli am Geburtstag des Großmoguls Aureng Zeb" geblieben, zu besichtigen im Albertinum. Schon so mußte, allein um die Kunstschätze unterbringen zu können, heftig gebaut werden. Ein Chronist berichtet, wie August seine künftige Schwiegertochter 1719 am pirnaischen Tor empfing, „von Juwelen für 2 Millionen strahlend, an der Spitze seines gleich glänzenden Hofstaates von 1900 Personen, und von 6 Regimentern Infanterie und Kavallerie, sowie von 1100 bewaffneten Bürgern umgeben."
Zu der Zeit war der Zwinger noch nicht fertig. Die fehlenden Fronten wurden zur Hochzeit mit Attrappen aus Holz geschlossen, um dem Festplatz seinen würdigen Rahmen zu geben. Damit hatte man Erfahrung, denn anläßlich des Besuches des dänischen Königs im Jahre 1709 mußte Pöppelmann schon einmal eine solch festliche Kulisse aus Holz errichten. An diesem Vorbild hat man wohl die Proportionen und die Wirkungen des geplanten Schloßhofes erprobt. Ihren martialisch klingenden Namen hat diese barocke Umhüllung eines Platzes zu festlichen Zwecken übrigens von der ehemals nahgelegenen Bastion der Stadtbefestigung.
August der Starke starb 1733 in Warschau und wurde in Krakau begraben, sein Sohn Friedrich August II. folgte ihm auch als polnischer König August III. Auch er taktierte politisch nicht sonderlich glücklich, und mit ihm endet Sachsens Griff nach der polnischen Krone und einer Großmachtrolle. Friedrich der Große führte ihm vor, wie man es macht.
Als Kunstsammler war er allerdings in den Fußstapfen seines Vaters nicht zu übertreffen. Beispielsweise erwarb er für 26000 Gulden, schon damals ein unerhörter Preis, Raffaels „Sixtinische Madonna", zu sehen in der Gemäldegalerie, die Semper als endgültigen Abschluß des Zwingers in der Mitte des vorigen Jahrhunderts baute.
Allein Tizian, Botticelli, Tintoretto oder Dürer, Holbein und Cranach in der Gemäldegaleri am Theaterplatz sind eine Reise wert, Schinkels Alte Wache und die Semperoper davor sowieso, die Brühlsche Terrasse und die Elbe mit der Weißen Flotte natürlich auch. Alle

waren sie hier, Mozart auf Besuch, Schiller schrieb in Loschwitz seinen Don Carlos, Carl Maria von Weber und Richard Wagner lebten hier, Napoleon brach von hier aus nach Moskau auf und kehrte geschlagen zurück. Die Schlacht von Dresden 1813 war sein letzter Sieg auf deutschem Boden. Er wohnte im Palais Marcolini, aus dem man 1845 das städtische Krankenhaus gemacht hat. Und Karl Marx besuchte 1878 in Dresden eine Arbeiterversammlung, jawohl.

„Wer das Weinen verlernt hat, der lernt es wieder beim Untergang Dresdens. Dieser heitere Morgenstern der Jugend hat bisher der Welt geleuchtet", schrieb der greise Dichter Gerhart Hauptmann, der am 13. Februar 1945 die Stadt in Schutt und Asche fallen sah.

„Dank der aufopferungsvollen Anstrengungen der 'Aktivisten der ersten Stunde', den großen Leistungen im Nationalen Aufbauprogramm, der unermüdlichen Arbeit Hunderttausender Bürger gelang es, die Kriegszerstörungen unserer Städte schon in wenigen Jahren zu beseitigen und zu sichern, daß neues Leben aus den Ruinen erblüht", heißt es in einem Luftbildband der ehemaligen DDR aus dem Jahre 1983.

Dies klingt heute wie Hohn, denn was trotz der Bemühungen um Teile des historischen Stadtkerns auch aus einer Stadt wie Dresden geworden ist, hält keinen Vergleich aus: nicht mit der Geschichte und nicht mit den sozialistischen Zukunftsvisionen. Der Wiederaufbau der Frauenkirche ist beschlossene Sache, und Schritt für Schritt wird Dresden auch jenseits touristischer Attraktionen wieder ein Gesicht zurückgewinnen, das seine Bürger freundlich anlächelt. Dies gilt natürlich auch für andere Orte und Städte der ehemaligen DDR, die häufiger noch als in den alten Bundesländern ihre vom Krieg unzerstörten Stadtkerne erhalten konnten, wenn auch mittlerweile verwahrlost. Nur 30 Flußkilometer nördlich von Dresden liegt Meißen auf dem linken Ufer. Dann folgt Torgau und schließlich Wittenberg, die Lutherstadt.

Professor Luther und Wittenberg

Auf dem Marktplatz Wittenbergs steht sei 1821 der wahrliche berühmteste Bewohner der Stadt. „Hier stehe ich, ich kann nicht anders", hatte er allerdings genau dreihundert Jahre zuvor auf dem Reichstag in Worms gesagt, woraufhin der – natürlich katholische – Kaiser Karl V. die Reichsacht über ihn verhängte. Das war so bedrohlich, daß sein Beschützer, der sächsische Kurfürst Friedrich der Weise, ihn unter dem Decknamen „Junker Georg" auf die Wartburg schaffte und einige Zeit aus dem Verkehr zog.

Aber nun steht er in Bronze auf dem Marktplatz. Gottfried Schadow, zu der Zeit schon Direktor der Berliner Akademie der Künste und eine zentrale Figur für die Bildhauerei Preußens, hatte Jahre an diesem Standbild gearbeitet. Schadow hatte in Italien gelernt und sich durch einen Entwurf für ein Denkmal Friedrichs des Großen für eine Stelle in Berlin qualifiziert. Hier war eine seiner ersten großen Arbeiten die Quadriga auf dem Brandenburger Tor (1794), deren gerade restaurierte, preußische Symbolik einigen Zeitgenossen der Wiedervereinigung Probleme bereitet.

Vielleicht hätte der Philosophieprofessor Luther dazu gesagt: „Fürchte Gott, ehre die Obrigkeit und sei nicht mit den Aufrührern." Jedenfalls hat man diesen Satz ein paar Schritte weiter am Balkon des Wittenberger Rathauses angebracht. 1483 in Eisleben geboren, 1546 in Eisleben gestorben, kam der gerade zum Priester geweihte Augustinermönch Martin Luther 1508 aus Erfurt an die Universität der Stadt.

Der Kurfürst hatte sich vorgenommen, aus seiner Residenz, einem unscheinbaren Nest mit etwa 3000 Einwohnern, etwas zu machen. Eine seiner Infrastrukturmaßnahmen war 1502 die Universitätsgründung. Hier lehrten erlauchte Geister, die es an der Zeit fanden, über einige Dinge in einer sich wandelnden Welt gründlicher nachzudenken und dabei auch an der Hauptverwaltung des Jenseits in Rom beim besten Willen nicht mehr vorbeikamen.

Die Geschichte braucht ihre Figuren, und wer weiß, bis wohin Luther ohne Johannes Tetzel gelangt wäre, mit dem er zunächst nur öffentlich diskutieren wollte. Der Mann war Dominikaner, fast dreißig Jahre älter als Luther, und hatte eine bemerkenswerte Karriere hinter sich. Wegen Ehebruchs in Innsbruck zum Tode durch Ertränken verurteilt, wurde er auf Fürsprache des Kurfürsten nach Sachsen verbracht und schließlich vom Mainzer Erzbischof zum „inquisitor haereticae privatis" ernannt, fürwahr also ein Agent der herrschenden Mächte. Als Ablaßprediger entwickelte er eine erfolgreiche Marketingstrategie: „So bald das Geld im Kasten klingt, die Seele in den Himmel springt." Der Papst brauchte schließlich Geld für den Petersdom. Mit einer sehr einfachen, logischen und listigen Überlegung stellte Luther das gut gehende Vertretergeschäft Tetzels in Frage, als er am 31. Oktober 1517 95 gelehrte Thesen an die Tür der Universitäts- und Schloßkirche von Wittenberg nagelte: Der Papst behaupte, nicht nur im Diesseits verhängte Bußen erlassen zu können – dagegen war nichts zu sagen –, sondern auch gleich die Strafen des Jenseits, also das Fegefeuer, mitkassieren zu können. Dafür, so Luther, sei wohl eine höhere Instanz zuständig. Wenn der Papst dies aber könne, so habe er die christliche Pflicht, alle Gläubigen von den Höllenqualen zu befreien, und zwar umsonst.

Natürlich war derlei Unverschämtheit in ein politisches und soziales Umfeld eingebettet, das den schließlichen Erfolg der Reformation möglich machte. Natürlich gab es eine Gegenreformation und hundert Jahre später den Dreißigjährigen Krieg, der viel mit der neuen Religionslandschaft zu tun hatte. Ganz so lang hat es mit dem Erfolg einer einfachen, logischen und listigen Parole unserer Tage nicht gedauert: „Wir sind das Volk!"

Der „Arbeiter- und Bauernstaat" DDR hatte mit Luther einige ideologische Probleme, besonders wegen seiner Schwierigkeiten mit den nächsten revolutionären Wellen, den Bilderstürmern und den aufständischen Bauern, aber insgesamt bekam er das Gütezeichen: „Nationales Erbe". Das ist Wittenberg und der Kirche in der DDR, die mit der Wende gewiß so viel zu tun hat wie Friedrich der Weise mit der Reformation, gut bekommen.

Über dem Portal der Schloßkirche findet sich seit 1845 die lebensgroße, marmorne Statue des Beschützers der Reformation, daneben die seines Nachfolgers Johann des Beständigen. Daß 165 Kilometer flußaufwärts 180 Jahre später einer der Nachfolger aus politischen Gründen wieder katholisch wurde, nun gut.

Auch in Wittenberg gibt es viel zu sehen und erst recht ein Stück flußabwärts, in Wörlitz.

Fürst Friedrich Franz und Dessau

In den letzten Tagen der DDR fanden in Dessau Ausstellungen, ein Symposion und ein Festakt zu Ehren des 250. Geburtstages von Fürst (seit 1807 Herzog) Leopold III. Friedrich Franz von Anhalt-Dessau statt. Dieses aufwendige Gedenken in einer Zeit des Übergangs war einem Mann gewidmet, der zu seiner Zeit über die Ideale der Aufklärung eine Brücke in die Moderne schlagen wollte und deshalb auch von der DDR-Geschichtsschreibung in die Ahnenreihe des „humanistischen Erbes" aufgenommen wurde.

Franz war der Enkel des „Alten Dessauers", des sagenumwobenen Feldmarschalls in Diensten Friedrich des Großen und seines Vaters. Seine letzten sieben Lebensjahre hat er noch erlebt. Der „Alte Dessauer" kam übrigens ein Jahr vor August dem Starken zur Regentschaft seines kleinen Fürstentums. Aber dieser Enkel entfernte sich weiter von der Generation der Großväter als alle anderen Zeitgenossen, die damals Politik machten. Zwar war auch er, der Familientradition folgend, im Siebenjährigen Krieg in preußischen Diensten, schon um die schmalbrüstige Landeskasse aufzubessern, aber er zog daraus die Konsequenz, weniger für seinen Ruhm zu tun, dafür um so mehr für seine Untertanen. Man kann sich vorstellen, daß der Mann bei Seinesgleichen nicht eben beliebt war.

Als Elfjähriger gelangte er bereits, zunächst für sieben Jahre unter der Vormundschaft seines Onkels, an die Regierung, verabschiedete sich noch während des Siebenjährigen Krieges (1756 – 1763) von den Preußen und verkaufte sein Tafelsilber und weiteres Vermögen, um die auferlegten Kriegssteuern bezahlen zu können. Und dann begann er mit einem Infrastruktur- und Beschäftigungsprogramm den Wohlstand seines Landes zu mehren und sich selbst ein eher bürgerliches Glück zu verordnen: „Liebe und Freundschaft haben es erbauet: Ruhe und Zufriedenheit werden es bewohnen; dann werden häusliche Freuden nicht fehlen", ließ er als Sinnspruch in der Säulenhalle von Schloß Wörlitz anschlagen.

Das Schloß und der Park, kurz vor Dessau am linken Elbufer gelegen, sind als beeindruckende Ensemble neuer fürstlicher Denkungsart der aufgeklärten Reform von oben erhalten, eingeklemmt zwischen das Braunkohlekraftwerk Vockerode, Dessau und das nicht ferne Bitterfeld. Mit dem nun 112 Hektar großen Park wurde 1765 begonnen und bis etwa 1805 an seiner Erweiterung und Vervollkommnung gearbeitet. Einige Teile sind nach den jeweils verantwortlichen Gärtnern benannt.

Das Vorbild war die englische Landschaftsarchitektur, die die inszenierte Natur nicht in das enge Formengerüst der Barockgärten zwang. Auf Reisen nach England, Frankreich und Italien in Begleitung seines späte-

ren Baumeisters Freiherr von Erdmannsdorff hatte der Fürst sich mancherlei Anregung über die heraufziehenden neuen Zeiten und Philosophien geholt. Er gab seiner Verehrung für Rousseau durch eine eigens gestaltete Insel im Park Ausdruck, er befaßte sich mit Lessing und Locke, Pestalozzi und Lavater. In England war schon länger ein an der Antike orientierter Baustil modern, der den Prinzipien des einflußreichen Italieners Palladio folgte. Erdmannsdorff baute nach diesem Vorbild als bedeutendes Bauwerk des deutschen Frühklassizismus das Schloß als Sommersitz in den Park. Sein Gotisches Haus verbindet italienische und tudorgotische Elemente, etwas später fertiggestellt.
Der Park, offen für die Bürger zur Erbauung und Erhebung, wurde mit einer Fülle von Einrichtungen ausgestattet. Erwähnt sei hier eine Geschichte des Brückenbaus vom Baumstamm über eine chinesische Brücke bis zum Nachbau einer revolutionären britischen Eisenbahnbrücke oder der Vesta-Tempel, der als Synagoge diente.
Denn Franz machte sich um die Judenemanzipation und die Bauernbefreiung verdient. Er sorgte für ein gewisses Maß sozialer Sicherheit für die untersten Schichten und förderte die bürgerliche Kultur und Bautätigkeit, er brach mit der mittelalterlichen Dreifelderwirtschaft und förderte den Export von Holz und Obst. Eine „Buchhandlung der Gelehrten“ ohne jede Zensur wurde 1781 gegründet, 1774 nahm das Philantropin seine Arbeit auf, ein Reformgymnasium unter Führung des Hamburger Pädagogen Basedow, und seit 1776 gab es an Erntedank ein Fest, für das man sich die olympischen Spiele der Antike zum Vorbild nahm.
Für Franz war der englische Weg der parlamentarischen Monarchie das Vorbild, das Recht auf Glück jedem einzelnen zugehörig und der Staat ein menschenfreundliches Kunstwerk. Der kleine Gartenstaat Wörlitz und die dazugehörge Elblandschaft sind alles, was davon übrig geblieben ist. Der Historiker Michael Stürmer formulierte dazu anläßlich der Geburtstagsfeier: „Die Wirkung der Ideen von Dessau-Wörlitz reicht weit über pädagogische Provinz und Gartenstaat. Sie enthält ein Versprechen, daß weder der preußische Militärstaat noch der wilhelminische Nationalstaat, weder die Zerrissenheit der Weimarer Republik noch die Brutalität der Diktatur oder gar der russische Stalinismus auf deutschem Boden das letzte Wort der deutschen Geschichte seien. Fürst Franz, der vor zweihundertfünfzig Jahren geboren wurde, und sein Werk geben Anlaß zu der Hoffnung, es seien andere Keime in der deutschen Geschichte enthalten – und damit in der deutschen Zukunft.“ Am 9. August 1992 jährt sich sein Todestag zum 175. Male.

Von Dessau nach Hamburg

Auch in diesem Jahrhundert hatte die Provinzstadt Dessau Bedeutendes zu bieten. Das Bauhaus, 1919 in Weimar als Schule für Kunst und Gestaltung gegründet und dort wegen seiner radikalen Modernität nicht gern gesehen, siedelte sich hier 1925 an und machte allein schon durch das von Walter Gropius entworfene Schulgebäude Architekturgeschichte. Kandinsky, Klee, Feininger und Schlemmer lehrten hier, bis auch diese „Entartung“ 1933 beendet wurde.
Für die DDR war in ihren ersten Jahren der weltweit einflußreiche Bauhausstil ein „Kind des amerikanischen Kosmopolitismus“, dem natürlich die vorbildlichen „Errungenschaften der Sowjetarchitektur“ vorzuziehen waren. Das Blatt wendete sich, und 1974 war auch das Bauhaus „nationales Erbe“. Das Hochschulgebäude wurde bis 1976 restauriert und wieder seiner ursprünglichen Aufgabe zugeführt. Auch einige andere Beispiele der Bauhausarchitektur sind erhalten oder restauriert, darunter eines der Reihenhäuser von Gropius in der Siedlung Törten.
Auf halbem Weg zwischen Dessau und Magdeburg nimmt die Elbe die Saale auf und mit ihr tonnenweise Gifte aus den Chemiefabriken Buna und Leuna. Weiter geht es an Magdeburg vorbei, der neuen Hauptstadt von Sachsen-Anhalt, die am Schiffshebewerk Rothensee zum Mittellandkanal und mit dem Elbe-Havel-Kanal gegenüber ein Knotenpunkt der Binnenschiffahrt ist. Tangermünde, Arneburg und Wittenberge sind die nächsten Stadtkulissen unmittelbar am Fluß, der hier für ein kurzes Stück die Grenze zwischen Brandenburg und Sachsen-Anhalt bildet.
Von Schnackenburg bis Lauenburg war die Elbe selber ein Stück Geschichte als Grenze zwischen der DDR und der Bundesrepublik. Der Streit über ihren genauen Verlauf hatte durchaus Bedeutung, entschied er doch in den heißen Jahren des Kalten Krieges darüber, an welcher Stelle ein Flüchtling von Deutschland nach Deutschland gelangt war. Und das konnte eine Entscheidung über Leben oder Tod sein.

Die tödliche Sicherheit der Grenze verstopfte bald auch das letzte Schlupfloch. Dabei erfreute sich das Dörfchen Rüterberg, wenige Kilometer von der Dömitzer Elbbrücke entfernt und etwas unübersichtlich am Fluß gelegen, besonderer Fürsorge. Es erhielt zur Landseite einen zusätzlichen Zaun, dessen stacheldrahtbewehrtes Eisentor nur mit Passierschein zu durchqueren war. So etwas führt zu einem besonderen Staatsbewußtsein, und deshalb riefen sich die Rütersberger schon im November 1989 zur freien Dorfrepublik aus.

Auf etwas festerer und älterer Grundlage steht allerdings die alte Stadtrepublik Hamburg, das werden auch die Rütersberger nicht bestreiten. Dabei hat die Elbe der Stadt keinesweg freiwillig den Reichtum vor die Tür geschwemmt. Elbaufwärts bis nach Böhmen ist sie mit ihren wechselnden Wasserständen und dem Eis im Winter für die Schiffahrt immer schon ein sperriges Gewässer gewesen, von politischem Gezänk und Dutzenden von Zollgrenzen gar nicht zu reden, die erst im vorigen Jahrhundert beseitigt werden konnten. Erst vor einem Wimpernschlag der Geschichte haben die Hamburger für die Staustufe Geesthacht und den Elbe-Seiten-Kanal gesorgt, der die Binnenschiffahrt von den Launen des Flusses bis Magdeburg unabhängig macht. Und es ist wirklich nicht lange her, daß die Elbe der Stadt die größte Katastrophe antat, die Hamburg seit dem großen Brand 1842 in Friedenszeiten erlebt hat.

315 Menschen fielen der Flut zum Opfer, als im Februar 1962 das Hochwasser der Elbe und der Sturm, der die Wassermassen aus der Nordsee in die Stadt jagte, die Deiche brechen ließ. Mittlerweile hat es schon sehr viel höhere Wasserstände gegeben, aber mittlerweile gibt es auch sehr viel höhere Deiche.

All dies hat damit zu tun, daß die Fahrrinne der Elbe für die sehr viel größer gewordenen Seeschiffe beständig vertieft werden mußte. Derzeit ist man bei 13,50 Meter bei Ebbe angelangt. Auch ansonsten mußte man sich erwehren. Der letzte Seeräuber, der die Elbe unsicher machte, ließ 1525 sein Haupt. Die Dänen gründeten Glückstadt (1616), um Hamburg ökonomisch das Wasser abzugraben, die Schweden versuchten das gleiche mit Stade (1648).

Keine Frage, die Wiedervereinigung und die neue Ausrichtung von Mitteleuropa rücken das „Tor zur Welt" wieder in eine Lage, die der kaufmannsstolzen Schönheit der Stadt eine neue Bedeutung geben wird, wenn Handel und Gewerbe entlang der Elbe sich von der erzwungenen Abkoppelung vom Weltgeschehen erholt haben. Seit einigen Jahren ist Dresden Partnerstadt Hamburgs. Schon war der Hamburger Bürgermeister in Prag, um mit seinem Amtskollegen die Weichen zu stellen. Man wird es sehen. Was immer die Elbe noch bringen mag, Sturmfluten oder Schwermetalle, Walfische oder Seehunde, die Hamburger lieben ihren Fluß. Und als ob sie der Elbe auf ihrem Weg zum Meer, von dem seit alters her der Reichtum kommt, eine letzte Reverenz erweisen wollten, haben sie ihr am nördlichen Ufer die Perlenkette der Elbchaussee gebaut.

Caspar Voght und die Elbchaussee

Sie steht in dem Ruf, eine der schönsten Straßen Europas zu sein. Natürlich liegt ihre glänzendste Zeit, in der die reichen Kaufleute und Reeder in ihren herrschaftlichen Landhäusern und großen Parks vor den Toren Altonas ganz unter sich waren, schon ein gutes Stück zurück, aber auch als begehrte Adresse der neueren, begüterten Stände hat sie sich ihre Ausstrahlung bewahrt.

Dabei kam die Straße erst 1937 zu Hamburg. Nur zehn Jahre zuvor gehörte sie durch die Eingemeindung der Vororte zu Altona. Die Elbchaussee war bis in die neunziger Jahre des vorigen Jahrhunderts Privatstraße, für deren Benutzung am Schlagbaum Passiergeld entrichtet werden mußte. Bis 1867 lag sie im dänischen Ausland, und in der Franzosenzeit nach 1810 verlief ein Stückchen weiter zwischen Hamburg und Altona die Grenze zwischen Frankreich und Dänemark. Zwar gab es hier immer schon Häuser und Gehöfte, die Hamburger Kaufleute entdeckten die Gegend aber erst kurz vor der Französischen Revolution, als der phänomenale Aufschwung des Handels ungeahnten Reichtum bescherte. Einer von ihnen, Caspar Voght, sagte von sich rückblickend, daß er „als erster Hamburger Kaufmann aus Mocca Kaffee, aus Baltimore Toback, aus Surinam Kakao, aus Afrika Gummi holte."

Ab 1785, da war er dreiunddreißig Jahre alt, kaufte er am Lauf der Flottbek umfangreiche Ländereien zusammen. Dies war keine sonderlich wirtliche Gegend, ging es doch an ihrer Mündung in die Elbe seit alters her mit dem Teufel zu, wie uns heute noch der Name Teufelsbrück belehrt. Gerade wie geschaffen für ihn, um daraus etwas zu machen, was man weit und breit noch nicht gesehen hatte.

Die Familie Voght war wohlhabend, angesehen und verfügte über Beziehungen. Sie ermöglichten Caspar Reisen durch Europa, die denen der jungen Aristokraten in nichts nachstanden. Er weilte nicht nur in Versailles oder Madrid bei Hofe, er bewegte sich in literarischen Salons und kannte Voltaire und Benjamin Franklin und sah noch „mit inniger Verehrung den alten, gebückten Friedrich (den Großen) durch den Park reiten“, wie er berichtete. Den nachhaltigsten Eindruck aber hatte auf ihn in England „The Leasowes“ in der Nähe von Shrewsberry gemacht, jene „ornamented farm“, die sich der englische Dichter William Shenstone gestaltet hatte. Dieses Anwesen war mehr als Park und Landhaus, es war zugleich die idyllische Gestaltung von Landwirtschaft. Voght legte also ein Mustergut an.

Etwa ein Viertel der gesamten Fläche der damaligen Anlage ist der heutige Jenischpark, dessen weite Rasenflächen sich sanft zur Elbe hinunterschwingen. Am Ort des alten Bauernhauses, in dem Voght zunächst wohnte, errichtete 1831 bis 1834 der Sohn seines Freundes Jenisch eine klassizistische Villa, nachdem er 1827 Hamburger Senator geworden war und ein Jahr später von Voght, dessen Geschäfte nicht mehr so gut gingen, das Gelände erworben hatte.

Bereits 1797 hatte Voght sein neues Landhaus, heute Baron-Voght-Straße 65, begonnen, wo er die illustre Schar seiner Gäste empfing und das Gedeihen seines Werkes überwachte, wenn er nicht gerade auf Reisen war. Er bediente sich etlicher sachkundiger Mitarbeiter, darunter besonders des aus Schottland stammenden Gärtners Booth. Bei seinen Bemühungen, die Feldbestellung zu modernisieren, machte er sich auch um die Einbürgerung der Kartoffel verdient. Er unterhielt ein chemisches Labor und unterstützte die Einrichtung einer landwirtschaftichen Schule, die hier von 1797 bis 1812 bestand. Er baute reetgedeckte Reihenhäuser für seine Tagelöhner, die in der nach ihm benannten Straße noch erhalten sind und in der Jürgensallee nach einem Brand von Jenisch identisch wieder aufgebaut wurden: „Glückliche Tagelöhnerfamilien saßen am Sonntag vor den freundlichen Wohnungen, die ich ihnen erbaut hatte, mit ihren in eigener malerischer Landestracht wohlgekleideten Kindern, die ich durch einen jungen, genialen Mann, der sie auch Gesang und Musik lehrte, zu höherer Bildung bei einfachen Sitten erziehen ließ und früh an ländliche Arbeiten gewöhnte.“

Mit dieser seinerzeit gewiß aufgeklärten Einstellung erwarb er sich 1788 auch Verdienste bei der Reform der Armenanstalt, die von der bereits 1765 gegründeten und noch heute bestehenden „Patriotischen Gesellschaft“ ausging. Dieser bürgerliche Verein hatte sich die Beförderung der Künste und nützlichen Gewerbe aufs Panier geschrieben. So war die Arbeitsbeschaffung und die Erziehung ein wesentliches Ziel der Reform. 1788 wurden in Hamburg, das damals 130 000 Einwohner hatte, 7391 Arme gezählt, zehn Jahre später waren es nur noch 2689. Mit diesem Erfolg wurde der reiche Hamburger Kaufmann zum europäischen Sozialexperten. Er wurde nach Wien und nach Berlin gerufen, um das Armenwesen zu verbessern, Napoleon ließ seine Schrift „Wiener Beschreibung der hamburgischen Armenanstalt“ in französischer Sprache auflegen, seine Minister holten sich bei einer seiner Parisreisen ebenso Rat wie die Stadtväter von Lissabon. Der deutsche Kaiser machte ihn schließlich zum Baron.

Trotz seiner Erhebung in den Adel gibt es noch etwas, was ihn vielleicht zum idealtypischen Hamburger macht, dem man ja eine Vorliebe für alles Angelsächsische nachsagt: das „understatement“. Über sein Landhaus schrieb er: „Es sollte im Inneren mehr leisten, als es im Äußeren versprach.“

Und, wie es vielleicht doch nicht der Zufall will, ging die hanseatisch-anglophile Geschichte auf seinem Mustergut weiter: Der älteste deutsche Polo Club (1898) legte hier 1907 ein Spielfeld an, der Hamburger Golf-Club schuf in den weiträumigen Parkanlagen 1906 einen Golfplatz, auf dem 1910 die erste deutsche Meisterschaft ausgetragen wurde. Der Club wurde 1930 auf den Falkenstein, ein Stückchen elbabwärts, verlegt. Und hinter dem Jenisch-Haus steht seit 1962 das Barlach-Haus, eine Stiftung des Fabrikanten Reemtsma, der wohl der wichtigste Mäzen des Güstrower Bildhauers war. Auch Caspar Voght, übrigens, war ein Freund der Künste. Auf dem Friedhof in Nienstedten liegt er seit 1839 begraben.

Häufig werden die Elbhöhen von Nienstedten bis Blankenese mit dem Dresdner Vorort Loschwitz verglichen. Hier, im Körnerschen Gartenhaus, heute Schillerstraße 19, schrieb 1785 ein sechsundzwanzigjähriger

Mann eine Hymne an die Freude: „Brüder fliegt von euren Sitzen / Wenn der volle Römer kreist / Laßt den Schaum zum Himmel spritzen: / Dieses Glas dem guten Geist" – der Elbe, so möchte man nach dieser kleinen Reise durch die Zeiten entlang des Flusses fortfahren.
Beethoven hat dieses Gedicht vertont. Als es noch „gesamtdeutsche" Sportmannschaften gab, war „Freude, schöner Götterfunken" die Ersatznationalhymne. Aber mit Blankenese hat die Elbe noch keineswegs ihre letzte Ansehnlichkeit präsentiert.

Von Hamburg bis zum Meer

Gleich hinter Hamburg folgt auf dem linken Ufer hinter den hohen Deichen das Alte Land mit seinen prächtigen Bauernhäusern, nicht nur zur Obstblüte ein reizvolles Ausflugsziel. Gegenüber liegt die Haseldorfer Marsch mit ihren sattgrünen Weiden, auch sie heute von hohen Deichen gegen die Elbe abgeschirmt, die mit ihren Überschwemmungen nicht nur für Fruchtbarkeit sorgte, sondern auch Gefahren für Land und Leute mit sich brachte.
Stade mit seiner pittoresken Altstadt an der Mündung der Schwinge war viele Jahrhunderte eine Hafenstadt, die den Hamburgern Respekt abnötigte. So durften im 15. Jahrhundert nur die Schiffe nach Stade das Hamburger Amt Ritzebüttel, das heutige Cuxhaven, ohne Zoll passieren. Auch Glückstadt, auf dem nördlichen Ufer gelegen und 1616 von den Dänen planmäßig als Konkurrenz zu Hamburg angelegt, verrät noch viel von der funktionalen Schönheit einer reichen Hafenstadt.
Langsam wird die Elbmündung im Rhythmus von Ebbe und Flut immer breiter, ehe sie weit draußen vor Cuxhaven am Ziel ihres Weges in der Nordsee angekommen ist. Schon lange wird dieser Großschiffahrtsweg nach Hamburg und durch den Kiel-Kanal in die Ostsee von Seezeichen aller Art gesichert, die den Kapitänen die Orientierung erleichtern. Als älteste Tonne ist die Schartonne aus dem Jahre 1446 bekannt, die vor dem gefährlichen Scharhörnsand verankert wurde. Eine Elbkarte aus dem Jahr 1568 zeigt, daß am südlichen Elbufer bis Hamburg bereits 18 schwarze Tonnen ausgelegt waren, die alle vom Hamburger Wappen geziert wurden. Etwa um 1700 war das Fahrwasser beidseitig lückenlos abgesichert.
Die erste Kugelbake, das Wahrzeichen Cuxhavens und zeitweise bis zu 30 Meter hoch, wurde 1705 errichtet. Sie ersetzte wohl eine Baumgruppe, die zuvor als natürliches Orientierungszeichen gedient hatte und von einer Sturmflut weggerissen worden war. Schon 1644 wurde auf Neuwerk, dem Hamburger Wachposten in der Elbmündung, eine Blüse gebaut, ein hohes Holzgerüst, auf dessen Spitze ein Kohlefeuer bei Bedarf entzündet wurde. Ein Nachbau dieses ersten Leuchtturms steht im Bremerhavener Schiffahrtsmuseum.
Der Blüsenmeister hatte ein wahrlich verantwortungsvolles Amt und mußte einen Eid schwören: „Ich will auch meinem anbefohlenen Amte mit höchstem Fleiße und nach bestem Vermögen vorstehen, mich alle Abend zu gebührender Stunde vierzehn Tage von Michaelis an bis Ultimo April auf der Blüse finden lassen, das Feuer darauf anzünden und die Nacht über unterhalten: Wann aber die Elbe gefroren, daß keine Schiffe vermutet werden, zu Conservierung der Kohlen sparsam mit dem Blüsen umgehen, oder das Blüsen nach Befindung so lange, bis die Elbe wieder offen, ganz einstellen." Heute ist die Elbe ganzjährig geöffnet, nur an ihrem Oberlauf behindert im Winter das Eis manchmal die Schiffahrt.
Aber was ist das schon im Vergleich zu allem, was die Elbe im Lauf der Zeit an ihren Ufern gesehen hat?

Litoměřice/ Leitmeritz

Die obenliegende, östliche Seite des Marktplatzes von Leitmeritz wird vom ursprünglich gotischen Rathaus aus dem Jahre 1337 geprägt, das heute als Stadtmuseum dient. An einer Ecke befindet sich als Zeichen des auch hier eingeführten Magdeburger Stadtrechtes eine Rolandfigur. In der Mitte der rechten, südlichen Front das Kelchhaus, das der Form seines Turmes den Namen verdankt.
Neben dem Rathaus liegt die Anfang des 18. Jahrhunderts in reichem Barock umgestaltete Allerheiligenkirche, weiter rechts an der Elbbrücke die aus der gleichen Zeit stammende Jesuitenkirche. Auf der anderen Elbseite liegt Theresienstadt, benannt nach der großen österreichischen Kaiserin und heute ewige Mahnung an eines der grauenerregenden Konzentrationslager.
Leitmeritz wurde, wie die übrigen sudetendeutschen Randgebiete Böhmens, 1938 vom Dritten Reich annektiert. Kurz davor liegt die Grenze zum damals sogenannten Protektorat Böhmen und Mähren, dem Rest der zerschlagenen Tschechoslowakei, die erst 1918 aus der Erbmasse Österreiche-Ungarns entstand.
Das Königreich Böhmen gehörte über die Jahrhunderte zum Heiligen Römischen Reich Deutscher Nation, im vorigen Jahrhundert zum Deutschen Bund, nach Bismarcks kleindeutscher Lösung 1866 zu Österreich, seit 1526 aber bereits zum Hause Habsburg.
Über die Jahrhunderte siedelten hier Tschechen und – bis zum Ende des nationalsozialistischen Wahns – Deutsche, und immer schon floß hier die Elbe ... Sie wird am Ende des 20. Jahrhunderts wieder zu einer verbindenden Linie zwischen Zeiten und Kulturen, nicht nur hier.
Die Labe, wie die Elbe in der Tschechoslowakei heißt, ist nach der Vereinigung mit den Wassern der Moldau zum stattlichen, schiffbaren Strom geworden (vorhergehende Seite).

Ustí - Aussig

Das Zentrum der heute 90 000 Einwohner zählenden Industriestadt Ustí (links) wird von seinem großen Rathaus am Markt und der Dominikanerkirche St. Albert aus dem 13. Jahrhundert sowie der Erzdekanatskirche gebildet.
Eine Eisenbahn- und eine Straßenbrücke über die Elbe verleihen der Stadt am Rande des böhmischen Braunkohlenreviers auch als Verkehrsknotenpunkt Bedeutung (oben). Zwei Kilometer weiter liegt seit 1318 – 85 Meter über der in den dreißiger Jahren gebauten Staustufe mit Kraftwerk – Burg Schreckenstein (unten), Inspiration für Richard Wagners Tannhäuser, gemalt von Ludwig Richter und besungen von Theodor Körner: „Dem Raubgrafen sollt' ich ein Schrecken seyn, drum tauften sie mich zum Schreckensteyn."

Děčín – Tetschen

Děčín, bis 1945 Tetschen-Bodenbach (rechts), liegt zwischen dem Böhmischen Mittelgebirge und dem Elbsandsteingebirge. In der Altstadt dieses Industriestandortes mit 50 000 Einwohnern haben sich einige wertvolle Barock- und Renaissancehäuser erhalten.

Von hier gelangt man über eine steil in den Fels gehauene Straße (die „Lange Fahrt“) zu dem Barockschloß der Fürsten Thun-Hohenstein, das in seiner heutigen Form zu Zeiten der französischen Revolution errichtet wurde. Dieser herausgehobene Platz, 50 Meter über der Elbe, hatte zuvor schon eine Burg und ein Renaissanceschloß gesehen. Gegenüber ragt die Schäferwand schroff empor (oben).

Traditionell ist der Obstanbau ein wichtiger Wirtschaftsfaktor in dieser Gegend (unten).

Bad Schandau

10 Kilometer vor Bad Schandau erreicht die Elbe Deutschland (S. 24).
Bad Schandau ist als Ausgangspunkt für die Erwanderung der Sächsischen Schweiz seit langem ein beliebter Anlaufpunkt. Die an die Spätgotik erinnernde Johanneskirche birgt eine von dem Geleitsschiffer und Floßschreiber Gottfried Conrad gestiftete Kanzel, die aus einem Sandsteinblock geformt wurde. Oberhalb des Ortes wird der Fluß von einer reich gegliederten, abwechslungsreichen Kulturlandschaft gesäumt (oben, unten).

Festung Königstein

Die Festung Königstein thront 233 Meter über der Elbe und bietet eine großartige Aussicht (vorhergehende Seiten). Die Sachsen bauten sie im 16. Jahrhundert zur uneinnehmbaren Festung aus, nachdem dieser beherrschende Platz zuvor schon böhmische Könige und die Markgrafen Meißens gesehen hatte und in den Hussitenkriegen zerstört worden war. Ein 152 Meter tiefer Brunnen sichert seit 1563 die Wasserversorgung und kann ebenso besichtigt werden wie die ständige Ausstellung zur wechselvollen Geschichte der Festung.

Bastei

190 Meter über der Elbe bietet das Felsengewirr der Bastei (oben, rechts) den „Anblick einer gewaltigen Naturrevolution", wie der Chronist Professor Münnich 1845 diesen faszinierenden Teil des Elbstroms beschreibt. Die etwa 700 Meter lange Brücke, beginnend an den Ruinen der Burg Rathen, wurde zur Erschließung dieser Quelle romantischer Inspiration 1851 als Nachfolgerin einer schlichten Holzbrücke von 1826 errichtet.

Burg Hohnstein

Bereits im 15. Jahrhundert machte Kurfürst Friedrich von Sachsen Burg Hohnstein zu seinem Jagdschloß und Staatsgefängnis (links). Anfang des vorigen Jahrhunderts berichtet der Reiseschriftsteller August Tromlitz, daß man zu Zeiten Augusts des Starken eines Morgens am Turm geschrieben fand: „Wer da kommt nach Hohnstein, der kommt selten wieder heim."
Die Burg wurde 1933 eines der ersten „Schutzhaftlager" der Nazis und dient nun als Jugendherberge. Die „Clara Schumann" (oben), mit 98 Meter Länge und nur 1 Meter Tiefgang einer der Neubauten der Deutschen Rheinschiffahrt AG für Kreuzfahrten zwischen Lauenburg und Bad Schandau, fährt 1991 unter der Parole: „Entdecken Sie das ‚andere' Deutschland."
Kurz nach Überschreiten der Grenze zwischen Böhmen und Sachsen, zwischen der Tschechoslowakei und der Bundesrepublik Deutschland, hat sich die Elbe ihr Bett durch das Elbsandsteingebirge gegraben. Rechts das Örtchen Krippen (vorhergehende Seiten).

Pirna

Die Festung Sonnenstein in Pirna (oben) wird 1292 erstmals urkundlich erwähnt und hat ebenso wie die Stadt im Dreißigjährigen und im Siebenjährigen Krieg schwere Verwüstungen erlitten. Anfang des vorigen Jahrhunderts wurde das erhaltene, massive Gebäudeensemble als „Irrenhaus", wie man es damals nannte, genutzt. Die Nationalsozialisten ließen hier zehntausend Menschen ermorden.

Am Übergang vom Elbsandsteingebirge zum weiten und fruchtbaren Elbtal gelegen, war Pirna schon im Mittelalter einer der wichtigsten Handelsplätze an der Elbe. Die unter Denkmalschutz stehende Stadt (rechts) mit ihren vielen Barock- und Renaissancegebäuden wurde überwiegend aus Elbsandstein gebaut. Dieses begehrte Material, aus dem auch der Dresdner Zwinger besteht, wurde aus den nahegelegenen Steinbrüchen bis nach Kopenhagen zum Bau des dortigen Schlosses exportiert.

In der Mitte des Marktplatzes befindet sich das aus den verschiedensten Stilen komponierte Rathaus mit seinem 1718 angefügten Turm. Ein paar Schritte entfernt die äußerlich schlichte, in der ersten Hälfte des 16. Jahrhunderts errichtete Marienkirche mit vielen kunstgeschichtlich wertvollen Details im Innern.

Pillnitz

Bis zum Ende aller monarchischen Pracht 1918 pflegte sich einhundertfünfzig Jahre lang der sächsische Hof von Mai bis September in Schloß Pillnitz allerlei Kurzweil hinzugeben. August der Starke ließ seine Baumeister Pöppelmann und Longuelune nach 1718 die schon vorhandene Schloßanlage durch das direkt am Ufer liegende Wasserpalais und sein gegenüber liegendes Pendant, das Bergpalais, zu barocker Pracht entfalten.

An der Stirnseite befand sich bis 1818 ein Renaissanceschlößchen, das aber dem Feuer zum Opfer fiel und durch das gleichfalls barocke Elemente aufnehmende Neue Palais ersetzt wurde. Auffällig sind die chinesisch gemeinten Elemente an den Bauten August des Starken, besonders die Dachformen und einige Malereien, die als Ausdruck erwachender Weltläufigkeit hier eine erste bedeutende, spielerische Form erhielten. Nur bezeichnete man damals alles Exotische als „indianisch“, und so hat sich der heute etwas befremdlich wirkende Beiname „Indianisches Palais“ erhalten.

Vom 25. bis 27. August 1791 weilten Kaiser Leopold II. von Österreich und König Friedrich Wilhelm II. von Preußen sowie der Bruder des gerade geschaßten Ludwig XVI. hier am sächsischen Hofe und besiegelten die „Pillnitzer Konvention“, die dem revolutionären Treiben der Franzosen Einhalt gebieten sollte.

Dresden

Die 1926 gebaute „Dresden“, einer der vier Schaufelraddampfer der Weißen Flotte, auf einer Ausflugsfahrt vor Pillnitz (links oben).
Das 141 Meter lange „Blaue Wunder“ (links unten), eine kühne Eisenbrücke aus dem Jahre 1893. Hat man sie überquert, kann man mit einer 1895 gebauten Standseilbahn zum traditionellen Ausflugslokal „Luisenhof“ hinauffahren, das die Dresdner den „Balkon Dresdens“ nennen (oben).
Von den verheerenden Luftangriffen während des Zweiten Weltkrieges verschon: Eines der erhaltenen Wohnviertel im Osten der Stadt (unten).

Der Balkon Europas

Der „Balkon Europas", die Brühlsche Terrasse, die der wichtigste Administrator des „augustinischen Zeitalters", Graf Heinrich von Brühl, 1738 als Lustgarten an Stelle alter Befestigungen anlegen ließ (von den ursprünglichen Bauten ist allerdings nichts erhalten geblieben). Davor befinden sich die Anleger der Weißen Flotte.

Der beherrschende Gebäudekomplex im Vordergrund ist die Hochschule für bildende Künste, Ende des vorigen Jahrhunderts gebaut. Dahinter auf dem Neumarkt die Ruine der Frauenkirche, die wie das übrige Dresden am 14. Februar 1945 unter den alliierten Bombenangriffen in Schutt und Asche versank. Sie war mit ihrer 95 Meter hohen Kuppel die imposanteste protestantische Kirche Deutschlands.

Im Hintergrund der Turm der Kreuzkirche, ein 1792 fertiggestellter Barockbau, der 1945 gleichfalls zerstört und anschließend wieder aufgebaut wurde.

Sie verdankt ihren Namen der Legende, daß die Gattin Heinrichs des Erlauchten dem hiesigen Nonnenkloster und seiner Kapelle einen Splitter vom Kreuz Christi geschenkt haben soll.

Am rechten Bildrand sind Teile des Schlosses zu erkennen, an dessen Restaurierung gearbeitet wird.

Ein Überblick, der die einstige Pracht und die schweren Zerstörungen des Gesamtkunstwerkes Dresden immerhin erahnen läßt.

Die katholische Hofkirche wurde 1755 nach Plänen von Gaetano Chiaveri im Stil des italienischen Hochbarock fertiggestellt (oben). Sie ist reich mit Kolossalstatuen geschmückt und birgt im Innern eine Holzkanzel von Permoser und die letzte Orgel, die der phänomenale Orgelbauer Georg Silbermann gebaut hat.
Unmittelbar hinter der Hofkirche liegt die kleine, klassizistische Altstädter Wache, nach Plänen Schinkels bis 1832 errichtet.
In der Mitte des Theaterplatzes das Reiterdenkmal König Johanns von 1889, dahinter der Zwinger mit der dem Platz zugewandten Sempergalerie, die erst 1854 das Emsemble abschloß.

Nicht alle architektonischen Träume wurden im Elbflorenz des 18. Jahrhunderts ausgeführt. Der führende Architekt des 19. Jahrhunderts, Gottfried Semper, nahm sich der städtebaulichen Vollendung an, mußte aber wegen seiner Beteiligung am Maiaufstand die Stadt 1849 verlassen.
Schon 1841 wurde das erste Opernhaus nach seinen Plänen eingeweiht. Es brannte 1849 ab und wurde durch den 1878 fertiggestellten, größeren und modernen Neubau abgelöst, für den er Pläne entworfen hatte. Die Bauausführung überwachte sein Sohn Manfred.
1985 wurde die Semperoper nach ihrem erneuten Wiederaufbau feierlich der Öffentlichkeit übergeben (rechts).

Am Rande der Altstadt liegt der 200 Hektar umfassende Große Garten, ebenso barock wie das repräsentative Palais des Baumeisters Starcke von 1683 (S. 44).
Das 1910 bezogene Neue Rathaus (oben) mit seinem hundert Meter hohen Turm, der eine hervorragende Aussicht bietet und vom „Goldenen Mann“ gekrönt wird. Dahinter die Kreuzkirche und der Altmarkt, der ab 1953 im Rückgriff auf alte Strukturen neu erbaut wurde.
Die Prager Straße im Stil der Zeit von 1965 bis 1987, die den Hauptbahnhof mit der Altstadt verbindet (unten).

Der Zwinger

Eigentlich wollte August der Starke ein neues Schloß bauen, aber 1718 entschloß er sich, seinen Hofbaumeister Pöppelmann und dessen Partner Permoser, den Bildhauer, die schon fertigen Bauten – im Bild rechts am oberen Bildrand – spiegelbildlich verdoppeln zu lassen, um einen prächtigen Festplatz zu erhalten. 1732 war der berühmteste Barockbau Dresdens vollendet, 1964 seine Rekonstruktion abgeschlossen. Die vorhergehende Seite und das Bild oben zeigt in der Hauptachse das Kronentor des Zwingers.

Schlösserpracht

Auch das Japanische Palais (oben), gegenüber der Altstadt auf der anderen Elbseite gelegen, ist einem Wunsch Augusts des Starken entsprungen. Es sollte die kostbare Sammlung seiner „Chinoiserien“ aufnehmen und bekam deshalb an den Ecken geschweifte Pyramidendächer. Allerdings wurde an dieser stilistischen Verbeugung vor Ostasien fast das ganze 18. Jahrhundert gebaut. Heute sind hier die Museen für Vorgeschichte und Völkerkunde untergebracht.

Etwas abseits der Elbe liegt als letzter Gruß der augustinischen Baukunst inmitten eines Waldsees das Jagdschloß Moritzburg (rechts), 1542 von einem Onkel Augusts des Starken begonnen, von Pöppelmann und Longuelune ab 1723 in seiner bis heute erhaltenen, wuchtigen Pracht neu gestaltet und mit allen Preziosen der Zeit ausgestattet.

Moritzburg ist Barockmuseum und ein beliebtes Ausflugziel in der Umgebung Dresdens.

Das Fasanerieschlößchen (S. 52) gehört zur Anlage von Moritzburg und beherbergt ein Museum für Vogelkunde. Es wurde bis 1782 von anderen Baumeistern für Friedrich August III. gebaut und bildet in seiner leichten, auch schon klassizistische Elemente aufnehmenden Rokokoeleganz einen baugeschichtlich interessanten Kontrast zum Hauptschloß. Wegen des Reichtums an seltenen Pflanzen und Vögeln besteht hier ein Landschaftsschutzgebiet.

Wein am Fluß

Zwischen Pillnitz und Diesbar-Seußlitz, besonders in der nordwestlich von Dresden gelegenen Lößnitz mit ihrer günstigen Mischung von Granit, Gneis und Lehm, wird seit über 700 Jahren Wein angebaut (oben). Seit 1792 gab es in Sachsen eine Winzerschule, seit 1799 die Sächsische Weinbaugesellschaft. Gut Wackerbarth gilt als Deutschlands zweitälteste Sektkellerei.

Das kleine Weinbaugebiet von 300 Hektar Fläche produziert heute etwa 1 Million Flaschen eines überwiegend trokkenen Weines von eigenem Charakter. In der Idylle dieser Weinberge lädt Hoflößnitz zur Besichtigung oder das Spitzhaus mit seiner herrlichen Aussicht zum Verweilen ein.

Meißen

Meißen, weltweit berühmt wegen der auf der Albrechtsburg – auf dem Bild (oben) links hinter dem Dom – 1710 begründeten, ersten europäischen Porzellanmanufaktur, verfügt noch heute über ein eindrucksvolles, historisches Stadtbild. Im 10. Jahrhundert wurde mit dem Ausbau des Burgbergs – oben – begonnen, der erste Dom 968 eingeweiht. Vor dem Dom die Domherrenhöfe und das Bischofsschloß, links das Kornhaus.

Auf der folgenden Seite der Marktplatz Meißens mit dem Rathaus, das ebenso wie die Albrechtsburg auf den Einfluß des Baumeisters Arnold von Westfalen zurückgeht, und die Frauenkirche. Beide wurden Ende des 15. Jahrhunderts gebaut.

Zwischen Dresden und Meißen wird die Elbe im Spaargebirge noch einmal von den schroffen Abbrüchen des Sandsteins begleitet, als ob sie nach der Landschaftsarchitektur der Sächsischen Schweiz und ihrer Bedeutung für die Schönheit Dresdens noch ein kleines Ausrufezeichen setzen will (links).

Schloß Hirschstein

Bei dem 28 Meter hohen Granitfelsen, auf dem Schloß Hirschstein bei Bahra steht (oben), hat die Elbe ihre steinige Wegstrecke beendet. Wahrscheinlich stand hier bereits im 10. Jahrhundert eine Burg. Zu den ältesten Teilen gehört der massive Turm, die neueren sind um 1700 von den Besitzern des Rittergutes, der gräflichen Familie Loß, angelegt worden.
Zufall oder nicht, einem frühen Chronisten des Elbstromes fiel dazu treffend auf: „Das Schloß hat Ähnlichkeit mit einem Schiffe, dessen Mast der aus 5 Ellen dicken Mauern bestehende Thurm bildet." Das Schloß diente zu DDR-Zeiten als Kindersanatorium.

Diesbar-Seußlitz

Auf dem Gelände eines mittelalterlichen Klosters liegt Schloß Diesbar-Seußlitz (rechts), das nach wechselvoller Geschichte in den Besitz des kurfürstlichen Kanzlers Graf Bünau gelangte und für ihn 1726 vom Baumeister der Dresdner Frauenkirche, George Bähr, errichtet wurde. Im schönen Barockpark stehen das Gartenhaus Heinrichsburg und das Winzerhaus Luisenburg. 1953 wurden am Schloß Restaurierungsarbeiten ausgeführt.
Sehenswert ist auch die zur gleichen Zeit wie das Schloß neu errichtete Kirche, die einen Grabstein aus dem Jahr 1288 enthält. Die Weinstuben dieses nördlichsten Weinortes der Elbe sind beliebte Ausflugziele.

Riesa

Bahn- und Straßenbrücke (links) geben der Industriestadt mit ihrem Elbhafen (oben, davor die Dorfkirche auf ehemaligem Klostergelände) auch Bedeutung als Verkehrsknotenpunkt.

1623 erhielt Riesa das Stadtrecht. Am 27. Juni 1730, so berichtet ein Chronist, wurde hier eine „berühmte Illuminazion“ veranstaltet, die mit feuerspeienden Walfischen und Delphinen im Angesicht von 50 Schiffen mit holländisch gekleideten Matrosen die Elbe in ein Feuermeer verwandelten. Aber das ist lange her ...

Strehla

Wie die meisten alten Stadtgründungen liegt Strehla am westlichen Ufer der Elbe, die im Mittelalter über weite Strekken die Grenze zu den slawisch besiedelten Gebieten weiter östlich bildete. Die heute gut 2000 Einwohner zählende Stadt wird bereits im Jahr 1018 von dem Chronisten Ditmar von Merseburg erwähnt. Strehla soll sich seinerzeit einer gewissen Sicherheit erfreut haben, weil der polnische Herzog Boleslaw die 1002 eroberte Stadt seiner Tochter Regilinde schenkte, die sich ein Jahr später mit dem Markgrafen Hermann von Meißen vermählte. 1386 erhielt das Adelsgeschlecht derer von Pflugk vom böhmischen König Wenzel Strehla als Lehen und blieb bis ins vorige Jahrhundert im Besitz von Stadt und Land.

Das auf einem Hügel gelegene Schloß (links) stammt in seinen meisten Teilen aus dem 15. und mehr noch aus dem 16. Jahrhundert. Bemerkenswert an dieser sehr geschlossenen und wehrhaften Anlage sind besonders die Giebelabschlüsse der drei Treppentürme im Innenhof und der beiden großen Wachtürme im Stil der Renaissance. Die Vorburg zur Stadt hin wurde 1560 gebaut. Das Schloß beherbergt heute ein Kinderheim.

Nach einem Brand wurde 1751 das Rathaus mit seinem Walmdach und kleinem Türmchen am Marktplatz neu errichtet (oben).

Torgau

1973 beging die Stadt ihre Tausendjahrfeier unter der Parole: „Torgau, jung und schön durch den Sozialismus." Andere Ereignisse der Stadtgeschichte sind wohl nicht so schnell in Vergessenheit geraten. Der Händedruck zwischen sowjetischen und amerikanischen Soldaten am Ufer der Elbe vor der damals gesprengten Brücke am 25. April 1945 etwa (vorhergehende Seite), vielleicht die siegreiche Schlacht Friedrichs des Großen gegen die Österreicher im Jahre 1760 vor den Toren, die Rolle der Stadt als ein Zentrum der Reformation um 1530 gewiß nicht oder ihre Blütezeit, nachdem Torgau 1456 Residenz der sächsischen Kurfürsten wurde.

Das Rathaus mit seinen kurzen Seitenflügeln wurde 1561 bis 1565 von dem Dresdner Baumeister Valten Wegern errichtet. Die Vorderseite, die die gesamte Westfront des Marktplatzes umfaßt, wurde 1875 völlig umgestaltet. Im Innenhof steht die aus dem 13. Jahrhundert stammende Nicolaikirche, die schon lange nicht mehr als Gotteshaus genutzt wird (oben).

Die Stadtkirche St. Marien (rechts) wird 1119 erstmals erwähnt und beeindruckt durch die harmonischen Raumverhältnisse im Innern. In der Sakristei findet sich eines der bedeutendsten Altarbilder von Lukas Cranach dem Älteren. In St. Marien liegt Katharina von Bora begraben, die Frau Martin Luthers. Schloß Hartenfels (Bild rechts im Hintergrund und vorhergehende Seite) wurde im 15. und 16. Jahrhundert zu einem der herausragenden deutschen Renaissanceschlösser ausgebaut. Als Hauptwerk der Frührenaissance gilt der Johann-Friedrich-Bau, der das Schloß südlich zur Elbe hin abschließt und seine besondere Wirkung durch den großen Wendelstein erhält, eine sich im Hof zwischen freien Pfeilern emporschwingende Wendeltreppe.

Prettin – Pretzsch

Die Elbe hat Sachsen verlassen und fließt geruhsam durch das neue Bundesland Sachsen-Anhalt. Zwischen den Elbbrücken von Torgau und Wittenberg, immerhin 65 Flußkilometer voneinander entfernt, verbinden sieben Fähren, wie hier zwischen Prettin und Pretzsch, die Ufer (oben).
Pretzsch, heute ein Städtchen mit 3500 Einwohnern, verdankt seine Schönheit Christiane Eberhardine von Ansbach-Bayreuth, der Gemahlin Augusts des Starken. Pöppelmann gestaltete für sie das nur wenige Jahrzehnte alte Schloß im barocken Stil um.
Das Renaissanceschloß Lichtenburg in Prettin wurde zwischen 1575 und 1581 erbaut. Dazu verwandte man auch die Steine des armseligen Schlößchens, das zuvor hier stand und eine historische Zusammenkunft zwischen Martin Luther und einem päpstlichen Legaten gesehen hatte. Heute erinnert eine Gedenkstätte an das ehemalige Konzentrationslager (vorhergehende Seite).

Wittenberg

Kurz vor Erreichen Wittenbergs, in DDR-Zeiten zu einem Industriestandort mit über 50 000 Einwohnern ausgebaut, wendet die Elbe bei dem Örtchen Elster ihren Lauf für etwa 60 Kilometer nach Westen (links).
Auf dem Marktplatz der Lutherstadt (oben), wie Wittenbergs offizieller „Vorname" lautet, steht vor einem der schönsten Renaissance-Rathäuser aus dem Jahr 1540 seit 1821 ein Bronzestandbild ihres größten Sohnes. Gottfried Schadow läßt ihn eine Bibel in den Händen halten. Schinkel entwarf den schützenden Baldachin aus Eisen. 1865 stellte man Luthers Freund und kongenialen Partner bei der „Deutschen Dolmetschung" der Heiligen Schrift, Philipp Melanchthon, ein paar Meter daneben.
In der gotischen Stadtkirche St. Marien hat Luther gepredigt. Ihre Turmhelme wurden in der Mitte des 16. Jahrhunderts im Stil der Renaissance erneuert. In der Kirche befindet sich ein Altarbild des Zeitgenossen und Wittenberger Bürgermeisters Lukas Cranach, das diese beiden Gelehrten und andere Reformatoren verewigt. Unmittelbar neben der Stadtkirche ist die kleine Fronleichnams-Kapelle, ein Bau der Backsteingotik wohl vom Ende des 14. Jahrhunderts und seither baulich kaum verändert.

Das Lutherhaus (links) mit dem in den Innenhof vorspringenden Wendelstein ist seit 1877 das Reformationsgeschichtliche Museum. Ausgestellt ist hier neben vielen Schriften, Gemälden und der Lutherkanzel aus der Marienkirche auch die erhaltene Lutherstube, denn hier hat der Reformator von 1524 bis zu seinem Tod 1546 gelebt und gearbeitet. Das Gebäude wurde 1504 als Kloster für die Augustiner-Eremiten begonnen, spielte aber sehr bald eine wichtige Rolle für die 1502 gegründete Universität.

Die von hier ausgehenden und mit der Reformation verbundenen Wirkungen machten Wittenberg in der ersten Hälfte des 16. Jahrhunderts zu einem geistigen und kulturellen Zentrum Europas. Im Lutherjahr 1967 wurde das Haus gründlich renoviert.

Von der einstigen Gestalt des Schlosses (oben), das noch die Züge einer mittelalterlichen Burg trägt und vom Übergang der Gotik in die Renaissance geprägt ist, hat sich durch den Umbau zu einer preußischen Zitadelle nicht viel erhalten. Die Schloßkirche, unter Konrad Pflüger bis 1507 als Nordflügel des Schlosses neu errichtet, wurde 1760 zerstört und beim späteren Wiederaufbau mit dem hohen Eckturm des gleichfalls schwer in Mitleidenschaft gezogenen Schlosses verbunden. So stammt auch die bronzene Thesentür im Portal aus dem Jahr 1858.

Jedenfalls ist dies mit einiger Wahrscheinlichkeit der Ort, an dem Luther am 31. Oktober 1517 seine 95 Thesen anschlug und auch damit die Geschichte in Bewegung brachte. Er liegt hier begraben, ebenso sein Freund Melanchthon und die Beschützer der Reformation, die Kurfürsten Friedrich der Weise (1486-1525) und Johann der Beständige (1525 bis 1532).

Coswig

Die Elbschiffahrt und der 1840 erfolgte Anschluß an das Eisenbahnnetz sind die Lebensgrundlagen der Stadt am nördlichen Elbufer, die etwa 10 000 Einwohner hat. Das Renaissance-Rathaus (oben) wurde in seiner ursprünglichen Form 1569 gebaut und 1911 einer gründlichen Modernisierung unterzogen.

Vielleicht hat Coswig im September 1840 seinen größten Tag gesehen, als hier zwei Tage lang in großem Stil gefeiert wurde und sich vom Marktplatz vor dem Rathaus ein großer Festzug in Bewegung setzte, um ein Stück nördlich der Stadt, am sagenumwobenen Schwedenstein, ein Denkmal mit der Inschrift einzuweihen: „Hier standen mit ihren siegreichen Heeren Gustav Adolf 1631 – Karl IV. Johann 1813; sie kämpften für Deutschlands Freiheit.“

Ein wenig muß da wohl mit dem Leipziger Buchhändler Ludwig Schreck, der die ganze Aktion inszeniert hatte, die nationale Begeisterung durchgegangen sein, denn Coswig wurde im Dreißigjährigen Krieg zweimal von den Schweden „ausgeplündert und gänzlich entvölkert“, wie der Chronist Prof. Münnich 1845 festhält.

Gustav Adolf jedenfalls hatte sein Hauptquartier im Schloß. Es wurde in seiner heutigen Form (rechts) seit der Mitte des 16. Jahrhunderts nach und nach errichtet. Schon bald bekam es eine auch nicht unwichtige Funktion: Die Witwen diverser Fürsten, vorzugsweise der Häuser Anhalt-Köthen und Anhalt-Zerbst, durften hier ihre alten Tage verbringen.

Zum ersten Mal wird Coswig urkundlich im 13. Jahrhundert erwähnt. Zu dieser Zeit existierten bereits die Anfänge der Stadtkirche St. Nikolai (oben ganz am Orts- und Bildrand), die um 1240 in spätromanischem Stil erweitert wurde.
Unmittelbar daneben gab es ab 1275 ein Dominikanerinnen-Kloster, von dem spärliche Überreste übrig geblieben sind. Ende des 17. Jahrhunderts wurde die Kirche erneuert. Altar, Kanzel und Orgelprospekt stammen aus dieser Zeit.

Das reizvoll gelegene Schloß wurde im 19. Jahrhundert schließlich als Gefängnis genutzt. Seit 1958 beherbergt es ein Archiv. Witwensitz, Gefängnis, Archiv - vielleicht hat diese gradlinige Karriere doch etwas mit dem Gebäude oder dem Ort zu tun?
Im nun breiter werdenden Urstromtal macht die ansonsten recht zielstrebige Elbe zwei große Schleifen (rechts).

Wörlitz

Goethe war „sehr gerührt, wie die Götter dem Fürsten erlaubt haben, einen Traum um sich zu schaffen. Es ist, wenn man so durchzieht, wie im Märchen."
1764 begann Leopold III. Friedrich Franz, Herzog und Fürst von Anhalt-Dessau, seinen Traum von Aufklärung und Klassizismus, englischer Parkgestaltung und geläuterter Naturschönheit in den Elbauen von Wörlitz umzusetzen.

1773 hatte sein früher Bildungsreisegenosse Erdmannsdorff das Schloß (links) nach dem Vorbild des englischen Claremont fertiggestellt. Bis 1805 wurde die Parkanlage beständig erweitert und vervollkommnet.
Johann Friedrich Eyserbeck, in Holland und England geschult, nutzte besonders auch die Wasserflächen zur Gestaltung beeindruckender Perspektiven (oben).

Die Parklandschaft ist mit antiken Tempeln (oben: der Venus-Tempel), Statuen, Grotten, einem kleinen Vesuv und dem Nachbau einer seinerzeit hochmodernen, englischen Gußeisenbrücke bestückt. Wörlitz – ein Disneyland allerlei Denkwürdigkeiten der europäischen Kultur im Übergang zum Industriezeitalter? Das größte Gebäude ist das gotische Haus im englischen Tudorstil (links). Hier verbrachte der Fürst viele Jahre seiner einundsechzigjährigen Regentschaft mit seiner Geliebten: der Tochter des Gärtners.

Roßlau

Schon aus dem Jahr 1215 ist die Existenz einer Burg am Elbufer gegenüber von Dessau bekannt (links). Sie wurde vermutlich auf den Resten eines slawischen Grenzwalls errichtet. Die Stadt mit heute 15 000 Einwohnern wird erst 1382 urkundlich erwähnt.

Der älteste Teil der Burg ist der wuchtige Turm aus Findlingen. Ihr heutiges Gesicht wird durch Anbauten aus dem 16. Jahrhundert und 1836 ausgeführte Renovierungen bestimmt.

Das Kleine Schloß daneben entstand 1740. Die Gebäude werden derzeit als Wohnhäuser genutzt.

1583 wurde hier eine erste Elbbrücke gebaut. Mit seiner verkehrsgünstigen Lage – seit dem vorigen Jahrhundert laufen hier drei Eisenbahnlinien zusammen – hat Roßlau sich zu einem kleinen Industrieort entwickelt. Die Werft wurde 1866 begründet. Sie ist bis heute ein wichtiger Betrieb der Stadt (oben).

Mosigkau

Südwestlich des Stadtkerns von Dessau wurde in der Mitte des 18. Jahrhunderts Schloß Mosigkau harmonisch in die Landschaft eingefügt (rechts). Das spätbarocke Schloß ist nach Plänen von Knobelsdorff für die Prinzessin Anna Wilhelmine von Anhalt-Dessau gestaltet worden und diente nach ihrem Tod 1780 bis 1945 als adliges Damenstift. Heute ist es Museum und enthält in 24 prächtigen Ausstellungsräumen eine hervorragende Sammlung von Gemälden des 17. und 18. Jahrhunderts.

Der große Gartensaal, in den durch fünf hohe Rundbogenfenster an der Südseite des Hauptgebäudes das Sonnenlicht einfällt, gilt als der schönste Rokokoraum des Landes. Die Seitengebäude sind die sogenannten Kavalierpavillons. An sie wurden, nach außen versetzt, erst 1875 die Wohnungen für das Dienstpersonal angefügt. Von dem einstmals prächtigen Park sind nur Reste des Irrgartens erhalten.

Zwischen Wörlitz und Dessau ist die Elbe der Mittelpunkt einer parkartigen Landschaft aus Feldern, Wiesen und Hainen, die über den engeren Bereich der aristokratischen Prachtentfaltung hinaus den aufgeklärten Gestaltungswillen des Herrscherhauses spüren läßt (oben).

Dessau

Bis 1918 war Dessau die Residenz der Fürsten von Anhalt-Dessau. Die Junkerswerke, die sich in den zwanziger und dreißiger Jahren zum bedeutenden Flugzeugbauer entwikkelten, machten die Stadt zu einem wichtigen Industrie- und Rüstungsstandort. Dessau wurde im Zweiten Weltkrieg zu über 80 Prozent zerstört. Davon zeugt die Ruine der Stadtkirche (links).

Das klassizistische Georgium, benannt nach seinem Erbauer, Prinz Johann Georg, und seine Gartenanlage (oben) sind zur gleichen Zeit wie Wörlitz als Sommerschloß entstanden und verraten die Handschrift der Planer Erdmannsdorff und Eyserbeck. Heute befindet sich hier die Gemäldegalerie.

Das Bauhaus von Walter Gropius setzte 1925 stilistische Maßstäbe mit weltweiter Ausstrahlung. Die Nazis schlossen die Hochschule für Gestaltung 1933, die DDR restaurierte nach mancherlei ideologischen Wirren das Gebäude in den siebziger Jahren, darunter auch die berühmte gläserne Vorhangfassade des Werkstattgebäudes (links oben). 1986 wurde hier wieder ein Zentrum für Gestaltung begründet. Das Landestheater ist ein Bau der dreißiger Jahre (links unten).

Der Leopoldhafen vor den Toren Dessaus (oben) bietet Freizeitskippern auch für einen längeren Aufenthalt gute Bedingungen. Hier, im idyllischen Grün gelegen, erfreut sich der Wassersport großer Beliebtheit: Die Sportschiffer besitzen einen weithin sichtbaren Turm für ihre Regattaveranstaltungen.

Barby

Schon im 9. Jahrhundert gab es hier an Stelle der späteren Stadt eine Burg zur Sicherung der Grenze gegen die Slawen. 1264 gründeten die Franziskaner ein Kloster. Aus dieser Zeit stammen auch die Anfänge der Stadtkirche St. Marien (rechts). Der massive Turm wurde allerdings erst 1505 begonnen, das kleine Türmchen auf dem Dach 1728 dazugefügt. Von 1748 bis 1808 war Barby Sitz eines Seminars und Gymnasiums der Herrnhuter Brüdergemeinde, aus der der Philosoph Schleiermacher hervorgegangen ist.

Von der alten Stadtbefestigung ist neben einigen Abschnitten an der Elbseite noch das „Prinzeßchen" erhalten (unten), ein Mitte des 18. Jahrhunderts spielerisch umgestalteter ehemaliger Wachturm.

Die Eisenbahnbrücke und ein Stück südlich die Elbfähre verbinden den Ort mit der östlichen Elbseite (S. 93).

Schönebeck

Schönebeck, am Rande der Magdeburger Börde gelegen, ist heute eine Industriestadt mit 45 000 Einwohnern. Im frühen 13. Jahrhundert erhielt der Ort die Stadtrechte, seit 1352 gehörte er zum Erzbistum Magdeburg. Hier hat die Elbe die Hälfte ihres Laufes zwischen der Grenze zur Tschechoslowakei und Hamburg zurückgelegt.

Magdeburg

Im Jahre 1209 wurde der Grundstein für den Magdeburger Dom gelegt, 1363 war der 120 Meter lange Innenraum vollendet, 1520 die 104 Meter hohen Türme fertig. Seither beherrschen sie eindrucksvoll die Silhouette der Stadt.
Diese Kathedrale ist die erste, die in Deutschland unter dem Einfluß der französischen Gotik errichtet wurde.

Die spätgotische Marktkirche St. Johannes fiel dem 2. Weltkrieg zum Opfer. Davor befindet sich ein Standbild Luthers (S. 96).

Das Rathaus (oben) wird 1293 erstmals erwähnt. In seiner heutigen Form wurde es Ende des 17. Jahrhunderts gebaut und so 1969 wieder hergestellt. Davor steht unter einem Baldachin der Bronzenachguß des Magdeburger Reiters. Das Original dieses Wahrzeichens der Stadt, des ältesten deutschen Reiterstandbildes, befindet sich im Kulturhistorischen Museum.

Die Walloner Kirche, benannt nach der reformierten Gemeinde, die die alte Augustinerkirche 1694 übernahm, und die 1970 wieder aufgebaute Petrikirche bilden mit der kleinen, spätgotischen Maria-Magdalenenkapelle davor ein schönes Ensemble von Sakralbauten (unten).

Das schwer zerstörte Magdeburg wurde nach 1945 ohne große Rücksicht auf gewachsene Strukturen als Industriestadt wieder aufgebaut. Im Vordergrund ein Seitenarm der Elbe, die sogenannte Alte Elbe, dahinter der Fluß und der auf der vorhergehenden Seite beschriebene Kirchenkomplex (S. 98 oben).
Auf der Elbinsel wurde 1872 der Kulturpark Rothehorn angelegt. Anläßlich der Deutschen Theaterausstellung 1927 wurde hier ein Ausstellungszentrum mit der Stadthalle im Mittelpunkt gestaltet. Die Parkanlage bietet viele Freizeitmöglichkeiten (S. 98 unten).

Burg

Etwas abseits des Flusses am Elbe-Havel-Kanal und an der Ihle entwickelte sich um eine Burganlage zunächst die hoch gelegene Oberstadt, der im zwölften Jahrhundert die Unterstadt folgte. Die Oberkirche Unserer Lieben Frau (oben) beeindruckt durch den aus Feldsteinen gemauerten spätromanischen Turmbau, der im 13. Jahrhundert vollendet wurde. Davor das Rathaus von 1702, das 1893 ein drittes Stockwerk erhielt.

Rogätz

Von der alten Burg in Rogätz ist nur noch der Klutturm erhalten, dessen untere Geschosse wohl im 12. Jahrhundert gebaut wurden. Er ist dreißig Meter hoch und wurde vor einiger Zeit als Wasserturm hergerichtet (S. 100 oben).
In dem fast hundert Jahre alten Gutshaus am Turm wohnte Max Planck von 1923 bis 1945. Unten links die Fähre von Rogätz.

Jerichow

Auf dem Gelände eines hier 1148 begründeten Prämonstratenserstiftes umgeben die Gebäude einer LPG die Stiftskirche, einen der bedeutenden romanischen Backsteinbauten Norddeutschlands (oben).
In den fünfziger Jahren wurde die Kirche gründlich restauriert. Da stand sie hier schon fast achthundert Jahre.

Tangermünde

Fünf Jahre lang residierte hier Kaiser Karl IV. (1373 bis 1378), seit 1368 war Tangermünde Hansestadt, bis mit dem Dreißigjährigen Krieg der Sturz in die Bedeutungslosigkeit kam. Erst Ende des 19. Jahrhunderts fand man mit ein wenig Industrie wieder den Anschluß an die Zeitläufe. Aber was hat dieses Städtchen mit heute etwa 12 000 Einwohnern alles über die Zeiten gerettet!

Zum Beispiel die zum größten Teil erhaltene Stadtmauer aus der Zeit um 1300. Zum Beispiel das Neustädter Tor ganz im Vordergrund (rechts), dessen kleinerer Turm aus der gleichen Zeit und der große Rundturm aus der Mitte des 15. Jahrhunderts stammt. Zum Beispiel das Rathaus in der Mitte zwischen den beiden Hauptstraßen (rechts und S. 105 oben), eines der schönsten aus der Backsteingotik (1430).

Die Stephanskirche wurde wohl erst hundert Jahre später vollendet (S. 104).

Links neben der beherrschenden Kirche (S. 104) das Hühnersdorfer Tor, von dem nur der Turm erhalten ist, rechts unten der Turm des Elbtores, wohl Ende des 15. Jahrhunderts fertiggestellt. Dahinter die alte Burg mit dem runden Torturm und dem Bergfried aus der Zeit Kaiser Karls. Die Elbbrücke wurde erst 1932 gebaut. Viele Fachwerkhäuser aus späterer Zeit vollenden den Charme Tangermündes.

Arneburg

Die Arneburg war nach dem Slawenaufstand von 983 eine wichtige Grenzfestung. Im Dreißigjährigen Krieg und endgültig 1767 durch ein die ganze Stadt vernichtendes Feuer büßte sie ihre mittelalterliche Substanz vollständig ein (unten). Auch die romanische Kirche St. Georg, ursprünglich um 1200 errichtet, wurde schwer in Mitleidenschaft gezogen, aber bald nach dem Brand wieder in ihrer heutigen Form aufgebaut. Im Rathaus befindet sich ein Heimatmuseum.

Havelberg

14 Kilometer östlich der Elbe in einer Biegung der Havel liegt seit der Mitte des 12. Jahrhunderts die Stadt Havelberg mit heute etwa 8000 Einwohnern. Der künstlich angelegte Stadtgraben (links) machte sie zur sicheren Insel. Nur die beiden Stadttore waren befestigt. Sie öffnen den Weg zu dem hoch über dem Flußtal gelegenen Dom.
Im Jahre 948 gründete Kaiser Otto I. am Orte eines slawischen Heiligtums eine Bischofskirche, um sein Reich über die Elbe nach Osten auszudehnen und die Wenden zu christianisieren. 983 beendete ein Aufstand diesen ersten Versuch für etwa 150 Jahre.
Erst 1876 wurde die Inselstadt mit den übrigen Siedlungen auf dem Festland zu einer Gemeinde zusammengeschlossen. Auf dem Marktplatz steht in der Mitte das spätklassizistische Rathaus auf mittelalterlichen Kellergewölben. Rechts davon die Stadtkirche St. Laurentius, ein Backsteinbau vom Anfang des 15. Jahrhunderts. Besonders aus der Luft ist das durch die ovale Form der Insel vorgegebene, geschlossene Stadtbild eindrucksvoll zu erkennen.

Der ursprünglich romanische Dom St. Marien (links) wurde 1170 geweiht und nach einem Brand um 1300 gotisch umgebaut. Besonders der nur sechs Meter tiefe, wehrhafte Turm an der Westseite (im Bild oben) macht deutlich, daß sich die geistlichen Herren hier noch nicht ganz sicher fühlten.

Angeschlossen war ein Stift der Prämonstratenser, dessen Bauten sich links an den Dom anschließen. Hier befindet sich heute des sehenswerte Prignitz-Museum.

Seit 1396 war der Dom zu zwei Dritteln an den reichen Einnahmen der nahen Wallfahrtskirche in Wilsnack beteiligt. Der Bischof Johann von Wöpelitz verschönerte damit den Dom. Besonders der neugeschaffene Lettner, die steinerne Schranke zwischen Geistlichkeit und Laien, ist mit seiner durchbrochenen Brüstung, den Skulpturen und Reliefs von herausragender Eindrücklichkeit. Zu erwähnen sind auch die gleichfalls in dieser Zeit entstandenen Glasmalereien, von denen sich einige Beispiele im nördlichen Seitenschiff erhalten haben.

Nach der Feuersbrunst von 1870 wurden viele Häuser in Havelberg neu gebaut. Einige schöne ältere Fachwerkbauten sind aber noch vorhanden (oben).

Von der Elbe kann man auf der Unteren Havel-Wasserstraße – ein bedeutender Teil der märkischen Gewässer – nach 133 Stromkilometern die Pfaueninsel in Berlin erreichen. Vor Havelberg liegt diese Schleuse gleichen Namens (oben), die mit ihren Kammern, 225 m Länge und 12 m Breite, auch großen Binnenschiffen den Weg zu Deutschlands Mitte ermöglicht.

Das verzweigte Fluß- und Kanalsystem benötigt für die Schiffahrt bestimmte Wasserstände. Auf dem unteren Bild gleich drei Wehrtore bei Quitzöbel, die die Gewässer Elbe, Untere Havel und Gnevsdorfer Vorfluter regulieren.

Gegenüber der alten Havelmündung in die Elbe liegt Werben, ehemals eine wichtige Grenzburg. Im Hintergrund das Elbtor (etwa 1460), vorne ein alter Mauerturm, rechts die Johanneskirche.

Wittenberge

Die heutige Industriestadt mit 30 000 Einwohnern wurde im 13. Jahrhundert an einem Elbübergang angelegt.
Ihre Bedeutung als Verkehrsknotenpunkt wuchs mit der Anbindung an die Bahnlinie Hamburg-Berlin 1845. Besonders für die ehemalige DDR spielte der Hafen als Umschlagplatz und Binnenhafen für die Ostseehäfen Wismar und Rostock eine wichtige Rolle.

Schnackenburg

Ab Schnackenburg ist die Elbe für 90 Flußkilometer die Grenze zwischen Niedersachsen und Mecklenburg-Vorpommern. Zu DDR-Zeiten war der genaue Grenzverlauf entweder am DDR-Ufer oder in der Flußmitte umstritten und führte des öfteren zu politischen Verwicklungen. Dies verhalf dem östlichsten Elbhafen der alten Bundesrepublik zu einer gewissen Bekanntheit und 1949 auch zu einer Zollstation.
Der Schutzhafen, besonders bei Eisgang für viele Schiffe wichtig, wurde 1965 bis 1967 angelegt.
Die Nikolaikirche ist eine fast unverfälscht erhaltene romanische Backsteinkirche aus der Zeit um 1200 (oben rechts).

Dömitz

An Stelle einer älteren Burg wurde am Rande der Stadt Dömitz 1158 bis 1565 Mecklenburgs wehrhafteste Festung mit fünf Bastionen und Wassergraben gebaut (oben). Im Kommandantenhaus, gleichfalls noch aus dieser Zeit, verbrachte 1839/40 der niederdeutsche Dichter Fritz Reuter den Rest seiner siebenjährigen Haft wegen angeblichen Hochverrats. Hier ist heute ein Museum. Im Turm daneben ist die ehemalige Kapelle dem Andenken des Dichters gewidmet. Dömitz hat sich seinen sehr geschlossenen Gesamteindruck erhalten (vorhergehende Doppelseite).
40 Jahre lang war die zerstörte Eisenbahnbrücke über die Elbe ein markantes Symbol der deutschen Teilung. Gegenüber mündet die Elde-Müritz-Wasserstraße, die die Elbe mit dem Schweriner See und der Müritz verbindet (rechts). Zwischen Hitzacker und Boizenburg fährt ein Schubschiff elbaufwärts. Rechts am Bildrand ist noch ein spätsozialistischer Wachturm zu sehen (S. 117).

Hitzacker

Der idyllisch im Naturpark Elbufer-Drawehn an der Jeetzelmündung gelegene Ort mit seiner Altstadt aus Fachwerkhäusern (links) erlebte in der ersten Hälfte des 17. Jahrhunderts eine Glanzzeit, als der Lüneburger Herzog August der Jüngere die Stadt zu seinem „Ithaka“ erkor. Seit der Jahrhundertwende entwikkelte sich Hitzacker zum beliebten Kurort, dessen Musiktage die Stadt weithin bekannt gemacht haben.

Boizenburg

Ein Stück flußabwärts in der ehemaligen DDR liegt Boizenburg. Auch dieses wendländische Rundlingsdorf besticht durch den Charme seiner geschlossenen Fachwerkbebauung (oben).

An der 1793 begründeten Werft im Elbnebenfluß Boize, ein wichtiger Betrieb für die kleine Stadt, liegen noch zwei Neubauten für die russische Schwarzmeerflotte (unten).

Lauenburg

Von Lauenburg bis zur Mündung bildet die Elbe die Grenze zwischen Schleswig-Holstein und Niedersachsen, wobei diese Landesgrenzen allerdings noch um Hamburg einen großen Bogen machen. Ihren Namen hat die malerisch am hoch aufragenden, rechten Ufer gelegene Stadt seit 1182, als Bernhard von Anhalt diesen Platz besetzte: Burg an der Lave (so heißt die Elbe noch heute in der Tschechoslowakei).

Die Maria-Magdalenen-Kirche (rechts) wurde 1227 zunächst als kleine Kapelle errichtet, um Dankbarkeit für die siegreiche Schlacht von Bornhöved zu bezeugen, in der die Dänen zurückgeschlagen wurden. Im vorigen Jahrhundert wurde das Herzogtum für kurze Zeit doch dänisch, bevor die Bismarcksche Politik es endgültig Preußen angliederte. Bismarck wurde übrigens 1890 der Titel eines Herzogs von Lauenburg verliehen, den der Fürst aber nicht führte.

Die Kirche wurde vielfach umgebaut und verlor im 2. Weltkrieg ihren neugotischen Spitzturm. In dem großem Gebäude unmittelbar vor dem Turm zur Elbe hin befindet sich in den Räumen des alten Rathauses seit 70 Jahren das Elbschiffahrtsmuseum, das mit schönen Modellen und Ausstellungsstücken die Entwicklung über die Jahrhunderte darstellt.

Verkehrswege hatten für die Geschichte Lauenburgs seit den Zeiten der alten Salzstraße große Bedeutung. Ein Stück flußabwärts wurde das weiße Gold von Lüneburg nach Lübeck über die Elbe transportiert. Die Lübecker bauten deshalb schon 1398 den Stecknitzkanal als neuen, leistungsfähigeren Transportweg. Erhalten ist am Ortsrand von Lauenburg die Palmschleuse, eine Kammerschleuse aus dem Jahr 1776.

Im Jahre 1900 ersetzte der Elbe-Lübeck-Kanal diese älteste, künstliche Wasserstraße Europas (S. 123). Anfang der achtziger Jahre machte die Eröffnung der Autobahn zwischen Hamburg und Berlin der Stadt einige Sorgen, weil der Verkehr auf der alten B 5 für die seinerzeitige Grenzstadt wirtschaftliche Bedeutung hatte.

Der älteste, erhaltene Teil des Lauenburger Schlosses ist der runde Turm aus dem Jahr 1477 (rechts). Daneben steht noch ein Flügel, in kleinen Abschnitten möglicherweise sogar älter. Davor befindet sich eine Terrasse mit einer schönen Aussicht bis weit nach Niedersachsen hinein.

Die Elbrücke ist derzeit auf dem 140 Kilometer langen Abschnitt zwischen Geesthacht und Wittenberge die einzige (unten). Sie wurde 1878 als Eisenbahnbrücke gebaut, 1950 als kombinierte Straßenbrücke erneuert.

Der Hafen an der Mündung des Elbe-Lübeck-Kanals und die Hitzler Werft haben für die Stadt nach wie vor große Bedeutung (S. 123 oben). Der gepflegte, mit Pappeln gesäumte Kanal durch eine reizvolle Landschaft ist auch bei Freizeitkapitänen sehr beliebt (S. 123 unten). Nach 62 Kilometern Fahrtstrecke, die auch die alte Stadt Mölln berührt, erreicht der Kanal die Hansestadt Lübeck an der Trave und erleichtert so die Zufahrt in die Ostsee und zur Küste Mecklenburg-Vorpommerns.

Weil die Vertiefungen des Fahrwassers für den Hamburger Hafen ein Absinken der Wasserstände weit oberhalb mit sich brachten, wurde von 1957 bis 1960 die Staustufe Geesthacht mit einer Stauhöhe von vier Metern gebaut. Die Schleusenkammern (rechts) mit 230 Metern Länge fassen bis zu vier Europaschiffe.

Die Vier- und Marschlande im Urstromtal der Elbe vor den Toren Hamburgs sind ein traditionelles Obst- und Gemüseanbaugebiet (oben und unten). Viele Gewächshäuser sorgen dafür, daß die Hamburger immer mit frischer Ware beliefert werden können.

Hamburg

Bis zur Fertigstellung des alten Elbtunnels an den Landungsbrücken 1911 und des 1975 dem Verkehr übergebenen neuen Elbtunnels der A 7 waren die Brücken über die Norderelbe von Süden der einzige Zugang zur Stadt (links). Erst 1887 gab es hier die erste Straßenverbindung, nur 15 Jahre älter ist die erste Eisenbahnbrücke. Die Brücken sind die Grenze für alle seegängigen Schiffe, ab hier fahren nur Binnenschiffe elbaufwärts. Im Vordergrund führen die von Süden kommenden Autobahnen in die Stadt, rechts darüber ist die Brücke der 1983 mit einer neuen Streckenführung nach Harburg fertiggestellten S-Bahn über den Oberhafen zu sehen.

Die dreiteilige, große Halle mit den gewölbten Dächern parallel zum Kai ist der Gemüsegroßmarkt. Links darüber bildet die Halle des 1906 eingeweihten Hauptbahnhofes mit ihrer Spannweite von 120 Metern einen markanten Blickpunkt.

Die Motorbootfreunde haben ihr Revier an der Dove-Elbe (oben), einem Altarm am Rande der Vier- und Marschlande und der Stadt. Nördlich verläuft die Autobahn in den Vorort Bergedorf und nach Geesthacht, links oben ist die Norderelbe kurz vor Erreichen der Elbbrücken zu erkennen.

Im Seehafen Harburg werden vor allem Massengüter wie Kohle, Erze und Kali umgeschlagen (oben). Harburg, am Lauf der Süderelbe gelegen, wurde 1937 durch das Großhamburggesetz mit der Freien und Hansestadt vereinigt. Um in seinen Seehafen zu gelangen, müssen die Schiffe die Köhlbrandbrücke passieren (rechts). Sie ist mit ihren 130 Meter hohen, eleganten Pylonen zu einem Wahrzeichen der Stadt geworden. 53 Meter über dem Köhlbrand, dem neugeschaffenen Bett der Süderelbe, hängt die 520 Meter lange Fahrbahn an 88 Stahlseilen.
Gegenüber von den St. Pauli-Landungsbrücken findet sich etwa im Mittelpunkt des insgesamt fast 10 000 Hektar großen Hafengebietes ein verwirrendes Puzzle von Hafenbecken und Kaianlagen (unten). Rechts oben im Vorhafen und darunter im Kaiser-Wilhelm-Hafen befinden sich zwei Container-Terminals.

HOLZMÜLLER
HOLZMÜLLER
Stückgut-Terminal Diestelkai

EUROKAI Container-Terminal

Hinter den Container-Terminals des Waltershofer Hafens erstreckt sich auf dem Nordufer der Elbe das bis 1867 dänische Altona (vorhergehende Seite).
Großschiffe werden in Hamburg nicht mehr gebaut, aber die Traditionswerft Blohm und Voss ist mit ihren großen Docks ein wichtiger Reparaturbetrieb für die Großschiffahrt, hin und wieder auch für Bohrinseln (S. 133).
Wenn auch der Hafen der wichtigste Wirtschaftsfaktor für die Stadt geblieben ist, so haben andere Branchen doch längst große Bedeutung gewonnen. So hat 1990 auch ein großer Medienkonzern sein neues Verlagsgebäude am attraktiven Hafenrand bezogen (rechts). Davor liegen die Museumsschiffe „Cap San Diego“ und der Windjammer „Rickmer Rickmers“, die viele Besucher anziehen.
Die Elbe von Ost nach West gesehen (unten): Rechts St. Pauli mit den Landungsbrücken, weiter am Elbufer das grüngesäumte Othmarschen. Links im Bild die Vielzahl der Hafenbecken und die Fülle der Lade- und Löscheinrichtungen.

Am Rande der Innenstadt wurde am Ende des vorigen Jahrhunderts in dem 1888 etablierten Freihafen die Speicherstadt gebaut, in der bis zur Verzollung Teppiche, Gewürze, Kaffee, Kakao und andere Feinheiten gelagert und zum Teil veredelt werden (S. 134).

Der Jungfernstieg, nach der Reeperbahn wohl Hamburgs berühmteste Straße, ist eine Flaniermeile der Binnenalster, die schon Heinrich Heine rühmte. Links das 1897 fertiggestellte Rathaus mit seinem 112 Meter hohen Turm, dahinter die Ruine der im 2. Weltkrieg zerstörten Nikolai-Kirche, ganz im Hintergrund die Köhlbrandbrücke (oben).

An der Krugkoppelbrücke verbreitert sich die Alster zum See (links). Die Stadthäuser von Winterhude gehörten immer schon zu den begehrtesten. An der kreisrunden Idylle des Rondeelteichs zu wohnen, ist natürlich nur wenigen vergönnt.

1829 bis 1832 ließ sich der Senator Jenisch nach Plänen Schinkels ein Herrenhaus im klassizistischen Stil errichten (rechts oben). Er hatte den Park, der heute nach ihm benannt ist und sich in großzügigen Rasenflächen, umsäumt von altem Baumbestand, zur Elbe hinunterzieht, von Caspar Vogth gekauft, der besonders im Handel mit den gerade von der englischen Krone unabhängig gewordenen Vereinigten Staaten sein Vermögen gemacht hatte. Voght hat auch ein paar Schritte weiter das Mustergut Flottbek angelegt, auf dessen Gelände sich heute das Reiterstadion des Deutschen Springderbys befindet.
An der sieben Kilometer langen Elbchaussee findet sich noch eine Vielzahl anderer prächtiger Häuser, die sich die Aristokratie der alten Stadtrepublik, die Kaufleute, gebaut haben. Das Jenisch-Haus gibt heute als Museum Einblick in die Wohnkultur der Zeit.
Am Elbufer in Oevelgönne, einer sich einen Kilometer am Fluß entlang ziehenden pittoresken Siedlung überwiegend bescheidener Häuser, ursprünglich von Elblotsen und Kapitänen bewohnt, hat man einen Museumshafen eingerichtet (oben). Sein Flaggschiff ist das ehemalige Feuerschiff „Elbe 3". Daneben befindet sich das Lüftungsbauwerk des neuen Elbtunnels.
Die „Hamburg" – hier an ihrem neuen Terminal – verkehrt regelmäßig zwischen Hamburg und Harwich (rechts unten).

HAMBURG - ENGLAND
SCANDINAVIAN SEAWAYS

Vom Anleger Teufelsbrück (oben), etwa in der Mitte der Elbchaussee zwischen Blankenese und Altona unterhalb des Jenischparks gelegen, kann man regelmäßig zu den Landungsbrücken und auf die andere Elbseite nach Finkenwerder fahren. Bis zu 92 Meter hoch sind die Geestrücken, an die sich das alte, heute dicht bebaute Fischerdorf Blankenese schmiegt, erster oder letzter Gruß Hamburgs an die vorüberfahrenden Seeleute (links).
Jenseits der Landesgrenze in Wedel, in dem beliebten Ausflugslokal „Schulauer Fährhaus" – auch „Willkommhöft" genannt –, wird seit 1952 zum Empfang oder zur Verabschiedung der Schiffe die jeweilige Nationalhymne gespielt und den Gästen über Woher und Wohin Auskunft gegeben (unten).

Mit 1800 Liegeplätzen ist der Yachthafen von Wedel nicht nur an der Unterelbe einer der größten (rechts).
Jork ist das Zentrum des Alten Landes (unten). Der ganze Landstrich ist eine einzige Obstplantage, und besonders zur Zeit der Kirschblüte wirkt die Landschaft am linken Elbufer wie verzaubert.
Sehleute von nah und fern bewundern diese Inszenierung der Natur. Die St. Matthias-Kirche ist weit und breit die größte und hat einen schönen Barockaltar.
Im 12. Jahrhundert wurde das Alte Land von Holländern besiedelt, die mit der Bändigung des Wassers ihre überlegenen Erfahrungen hatten. Längst ist die Elbe eingedeicht und durch Leuchttürme für die Schiffahrt sicher gemacht - hier der Leuchtturm Somfletherwisch (S. 141).

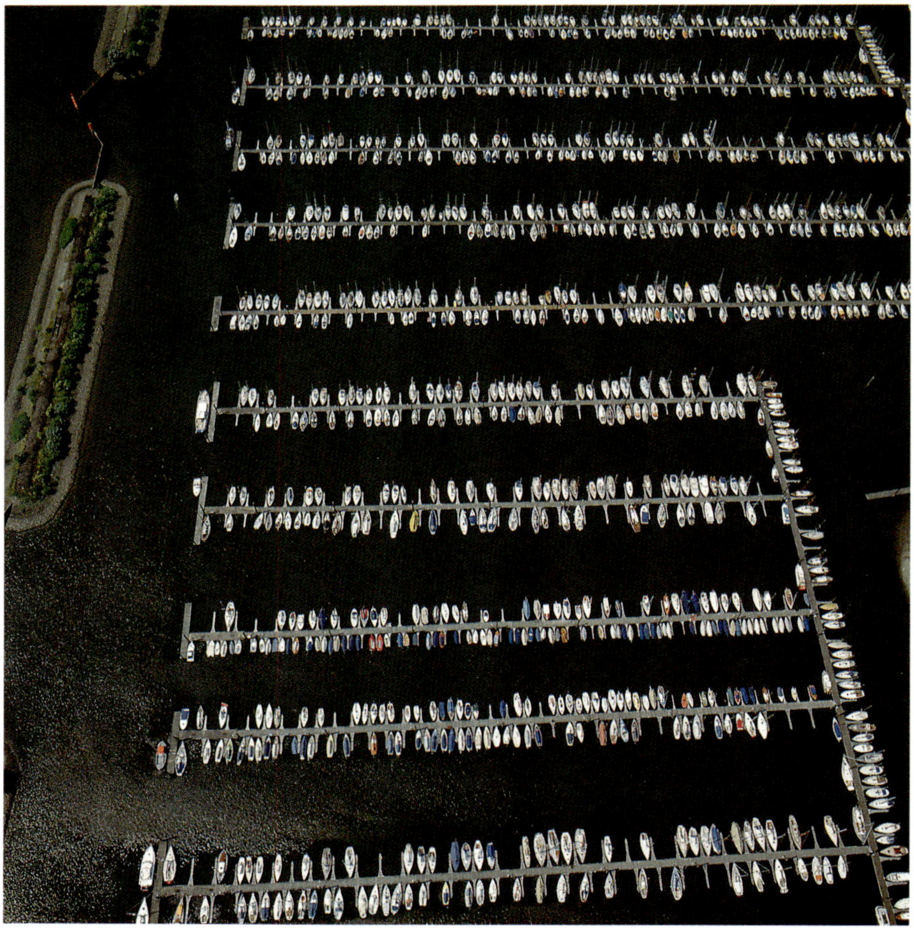

Im Alten Land

Kurz hinter dieser letzten Schleife und einem Sperrwerk im Deich mündet gegenüber von Wedel die Lühe in die Elbe (links). Hier haben viele Boote ihre Liegeplätze.
Auch in der Gemeinde Lühe mit ihren vielen Ortsteilen ist der holländische Einfluß mit den Entwässerungskanälen und den typischen Holzbrücken noch deutlich zu spüren (unten).
St. Bartholomäus in Mittelnkirchen ist eine schöne, ländliche Kirche (oben). Sie hat, wie vielfach in Norddeutschland, einen Holzturm mit Kupferspitze.

Stade

Dieses geschichtsträchtige Kleinod an der Unterelbe wurde in der bis heute in der Altstadt erhaltenen Form nach einem Brand in der zweiten Hälfte des 17. Jahrhunderts aufgebaut und bietet eine Fülle von Sehenswürdigkeiten. St. Wilhadi ist eine gotische Hallenkirche aus dem 14. Jahrhundert (unten), St. Cosmae mit dem später angebauten, barokken Turm ein wenig älter. Links davon liegt die Altstadt innerhalb des Burggrabens (rechts).
Das klassizistische Herrenhaus in Haseldorf auf der anderen Elbseite (oben) entwarf der dänische Baumeister Hansen, der auch die Palmaille, Altonas Prachtstraße, gebaut hat.

Glückstadt

1616 begann der dänische König Christian IV. mit der Anlage Glückstadts nach dem Vorbild italienischer Renaissancestädte. Sein Ziel war es, der aufblühenden Hafenstadt Hamburg Konkurrenz zu machen. Natürlich hat der Hafen mit seiner schönen Uferstraße (S. 146) heute nur noch regionale Bedeutung.
Zwölf Straßen führen von den ehemaligen Stadttoren auf den großen Marktplatz (links), an dem das 1642 im Stil der niederländischen Renaissance erbaute große Rathaus liegt. Links die Stadtkirche, das erste nach der Reformation errichtete evangelische Gotteshaus in Schleswig-Holstein.
Eine Fähre verbindet Glückstadt mit Wischhafen auf der südlichen Elbseite (oben).

Freiburg

Am linken Elbufer liegt das verträumte Örtchen Freiburg (S. 148 oben), das schon im Mittelalter einen Hafen hatte. Der Getreidesilo ist heute sein beherrschendes Wahrzeichen und wird gelegentlich von kleinen Frachtschiffen angelaufen.
Gleich hinter dem mächtigen Sperrwerk der Stör baut in Wewelsfleth die Schiffswerft Hugo Peters Frachtschiffe (S. 148 unten).

Brunsbüttel

1887 eröffnete Kaiser Wilhelm II. feierlich den zunächst nach ihm benannten Nord-Ostsee-Kanal. Er war ein strategisch wichtiges Element beim Aufbau der deutschen Flotte und dem „Griff nach der Weltmacht“. Sieben bis neun Stunden brauchen die Schiffe für die 97 Kilometer zwischen Kiel und Brunsbüttel. Das Containerschiff fährt auf seinem Weg in die Elbe gerade in die 330 Meter lange und 45 Meter breite Schleuse von Brunsbüttel ein.

Cuxhaven

Die Stadt Cuxhaven – heute mit rd. 55 000 Einwohnern (rechts) – an der Elbmündung gelegen, wurde bekannt als bedeutender Seefischerei- und Auswandererhafen. Davon zeugt u. a. die alte Auswandererhalle (unten). Beide Wirtschaftszweige haben schon lange an Bedeutung verloren.
Eines der bekanntesten Wahrzeichen Cuxhavens, die Kugelbake am Seedeich, grüßt seit über 200 Jahren die Seefahrer (S. 151 oben).
Viele Jahrzehnte geleitete das Feuerschiff „Elbe 1" (S. 151 unten) – heute Museumsschiff im Alten Hafen vor der neuen Marina – die großen Dampfer sicher in die Elbmündung.

Am Watt

Cuxhaven ist die Heimat einer kleinen Flotte von Fischkuttern (S. 152 oben) und ein beliebtes Seebad, wie der mit Strandkörben übersäte Nordseestrand des westlichen Stadtteils Duhnen zeigt (oben).
Von Dunen sind es etwa 10 Kilometer durch das Watt zur Insel Neuwerk. Alle 12 Stunden gibt die Ebbe diese einzigartige Landschaft frei, bis sie dann wieder im Meer verschwindet. Bei einem Ausflug nach Neuwerk sollte man sich den erfahrenen Kutschern anvertrauen (S. 152 unten).
1312 war der bis zum Dachaufbau 28 Meter hohe Festungs- und Leuchtturm von Neuwerk fertig (links), das bis heute zu Hamburg gehört. Über Jahrhunderte war die Hansestadt für die Sicherheit ihres Schiffahrtsweges allein verantwortlich. Das Leuchtfeuer wurde 1971 automatisiert und der letzte Wärter in Pension geschickt.

Elbmündung

Ebbe und Flut, bis nach Geesthacht hinauf zu spüren, haben die bei Cuxhaven 15 Kilometer breite Trichtermündung der Elbe geformt. Aber das Bild täuscht und gibt bei Ebbe im Watt eine Ahnung davon, daß sich der Strom um Neuwerk herum und dann in westlicher Richtung noch 40 Kilometer weiter in die Nordsee hinausschiebt.
Links und rechts säumen Untiefen das Fahrwasser, deren Lage und Beschaffenheit sich ständig ändert und die besonders bei Sturm gefährliche Wellenberge aufbauen.
Der große Vogelsand wurde Anfang der sechziger Jahre den Frachtern „Ondo“ und „Fides“ zum Verhängnis, die hier auf Grund liefen und unrettbar verloren gingen.
Heute sichert hier ein automatischer Leuchtturm bei Tag und Nacht den internationalen Großschiffahrtsweg (rechts unten).
Weiter draußen, wo früher das bemannte Feuerschiff „Elbe 3“ lag, ist jetzt ein 12 Meter langes, gleichfalls automatisches Leuchtfeuer verankert (oben).
Seit dem Verlust der beiden Großfrachter vor dreißig Jahren sind alle großen Schiffe sicher durch die Mündung geleitet worden. Auch der malaysische Tanker (rechts oben) zieht mit majestätischer Gelassenheit seine Bahn in die Elbmündung, geführt von einem der unverzichtbaren Elblotsen.

Helgoland

60 Kilometer vor Cuxhaven und der Elbmündung ragen die 50 Meter hohen Buntsandsteinfelsen von Helgoland aus der Nordsee. Lange Anna (rechts), Binnen- und Nordosthafen (oben) – die Insel lebt vom Fremdenverkehr.
Sie hat eine Geschichte, die einen Schlußpunkt unter die Betrachtung der Elbe von oben setzt: 1714 wird Helgoland dänisch, 1807 englisch, 1890 im Austausch gegen Sansibar deutsch, am 18. April 1947 versuchen die Briten, diesen Stein des militärstrategischen Anstoßes mit fast 7000 Tonnen konventionellen Sprengstoffes endgültig zu beseitigen, ab 1952 gehört Helgoland wieder zur Bundesrepublik.
1842 beherbergte die Insel den politischen Flüchtling Hoffmann von Fallersleben, der sich hier ein „Lied der Deutschen“ einfallen ließ: „Einigkeit und Recht und Freiheit...“ Joseph Haydn hat die spätere Nationalhymne vertont.

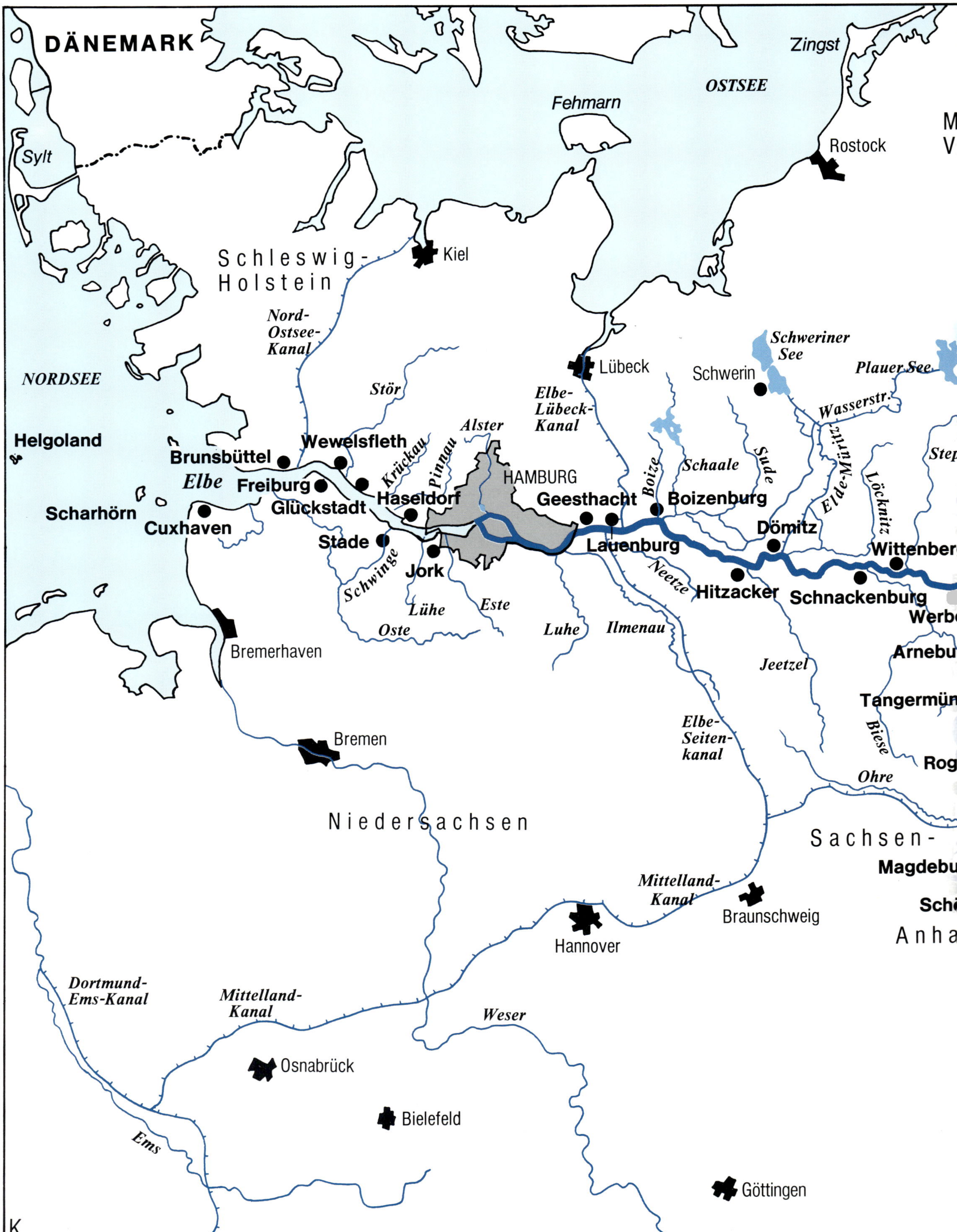
DÄNEMARK
Zingst
OSTSEE
Fehmarn
M
V
Rostock
Sylt
Kiel
Schleswig-
Holstein
Nord-
Ostsee-
Kanal
NORDSEE
Lübeck
Schweriner
See
Schwerin
Plauer See
Wasserstr.
Stör
Elbe-
Lübeck-
Kanal
Alster
Helgoland
Brunsbüttel
Wewelsfleth
Krückau
Pinnau
Elbe
Freiburg
HAMBURG
Boize
Schaale
Sude
Elde-Müritz
Löcknitz
Step
Scharhörn
Cuxhaven
Glückstadt
Haseldorf
Geesthacht
Boizenburg
Dömitz
Stade
Lauenburg
Wittenberg
Jork
Neetze
Hitzacker
Schnackenburg
Schwinge
Lühe
Este
Werbe
Oste
Luhe
Ilmenau
Bremerhaven
Arnebu
Jeetzel
Tangermün
Elbe-
Seiten-
kanal
Biese
Bremen
Rog
Ohre
Niedersachsen
Sachsen-
Magdebu
Mittelland-
Kanal
Braunschweig
Sch
Anha
Hannover
Dortmund-
Ems-Kanal
Mittelland-
Kanal
Weser
Osnabrück
Bielefeld
Ems
Göttingen
K

Rügen
Usedom
lenburg
ommern
Szczecin
(Stettin)
POLEN
Müritz
Havel
Havel-
Oder-
Wasserstr.
Dosse
Oder
Brandenburg
BERLIN
Oder-
Spree-
Kanal
Spree
avelberg
Elbe
Havel
Jerichow
Elbe-
Havel-
Kanal
Burg
Neiße
iegripp
Lutherstadt
Wittenberg
Schiffshebewerk
Rothensee
Coswig
Elster
Sachsen
Spree
Roßlau
Prettin
Schwarze
Elster
Barby
Wörlitz
Pretzsch
Schloß
Mosigkau
Dessau
Torgau
Riesengebirge
Elbe
Mulde
Strehla
Dresden
Hohnstein
Špindlerův Mlýn
(Spindlermühle)
Saale
Halle
Riesa
Bastei
Bad Schandau
Meißen
Vrchlabí
(Hohenelbe)
Leipzig
Pirna
Děčín
Königstein
(Tetschen)
ČSFR
Freiberger
Mulde
Boletice
(Polititz)
Hradec Kralové
(Königgrätz)
Ústí
(Außig)
Litoměřice
(Leitmeritz)
ngen
Weiße
Elster
Chemnitz
Erzgebirge
Labe
(Elbe)
Roudnice (Raudnitz)
Moldau
Pardubice
(Pardubitz)
Biela
Praha (Prag)

Register

Es wurden nur diejenigen Orte aufgeführt, die auch in den Bildbeschreibungen genannt sind.

Albrechtsburg 55
Arneburg 105
Aussig 21

Bad Schandau 25
Bahra 58
Barby 92
Bastei 28
Boizenburg 119
Brunsbüttel 149
Burg 99
Burg Hohnstein 33
Burg Roßlau 85
Burg Schreckenstein 21

Coswig 76, 78
Cuxhaven 150, 153

Děčín 22
Dessau 89, 91
Diesbar-Seußlitz, Schloß 58,
Dömitz 116
Dresden 39 ff.
Duhnen 153

Elster 73

Festung Königstein 28
Festung Sonnenstein 34
Freiburg 149

Geesthacht 124
Glückstadt 147

Hamburg 127 ff.
Hartenfels, Schloß 66
Haseldorf, Herrenhaus 144
Havelberg 106, 109, 110
Helgoland 156
Hirschstein, Schloß 58
Hitzacker 119
Hohnstein, Burg 33

Jagdschloß Moritzburg 50
Jerichow 101
Jork 140

Königstein, Festung 28
Krippen 33

Lauenburg 120, 122
Leitmeritz 19
Lichtenburg, Schloß 70
Litoměřice 19
Lühe 143
Lutherstadt Wittenberg 73, 75

Magdeburg 95, 97, 99
Meißen 55
Mittelnkirchen 143
Moritzburg, Jagdschloß 50
Mosigkau, Schloß 86

Neuwerk 153

Pillnitz, Schloß 37
Pirna 34
Prettin 70
Pretzsch 70

Quitzöbel 110

Riesa 61
Rogätz 101
Roßlau 85

Schloß Coswig 76, 78
Schloß Diesbar-Seußlitz 58
Schloß Hartenfels 66
Schloß Hirschstein 58
Schloß Lichtenburg 70
Schloß Mosigkau 86
Schloß Pillnitz 37
Schloß Pretzsch 70
Schloß Strehla 63
Schloß Wörlitz 81, 82
Schnackenburg 112
Schönebeck 95
Sonnenstein, Festung 34
Stade 144
Strehla 63

Tangermünde 102
Tetschen-Bodenbach 22
Theresienstadt 19
Torgau 66

Ustí 21

Wedel 129, 140
Werben 110
Wewelsfleth 149
Wischhafen 147
Wittenberg 73, 75
Wittenberge 112
Wörlitz 81 f

Impressum

Die Deutsche Bibliothek – CIP-Einheitsaufnahme
Die **Elbe aus der Luft** : Elbsandsteingebirge – Nordsee / Bernt Federau. Text von Volker Bartsch. – Hamburg : Ed. Maritim, 1991
ISBN 3-89225-228-9
NE: Federau, Bernt; Bartsch, Volker

Schutzumschlag: Buchholz / Hinsch / Hensinger, Hamburg
Fotos: Bernt Federau, Hamburg
Texte: Dr. Volker Bartsch, Hamburg
Karte S. 158 / 159: Wolfgang Kurtz, Hamburg
Satz: Peter Appelt Grafik-Design & Fotosatz, Hamburg
Lithografie: O.R.T., Hamburg
Druck: W. Kohlhammer, Stuttgart
Bindearbeiten: S. R. Büge, Celle
Titelfoto zeigt: Schloß Pillnitz
Rückseitenfoto zeigt: Festung Königstein

Helicopter-Flüge: **Helicopter-Service**
Claus Wasserthal, Hamburg

Printed in Germany 1991